劉智鵬 著

香港建造培訓
四十五周年發展歷程

建造香港
方圓平直

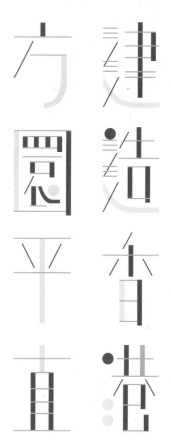

中華書局

CONSTRUCTION
INDUSTRY COUNCIL
建造業議會

香港
建造
學院
HONG KONG
INSTITUTE
OF
CONSTRUCTION

目錄

序言

序一	陳家駒	006
序二	余世欽	008
序三	李焯芬	010

前言 012

第一章
學師歲月——建造業的傳統師徒制度 014

1.1	建造培訓的肇始：由魯班先師說起	015
1.2	戰後香港建造業的工會與派系	020
1.3	入行第一步：學師過程	022

第二章
匠「新」獨運——建造業訓練局的成立與早期運作 026

2.1	戰後建造業蓬勃發展	027
2.2	職業教育的發展	030
2.3	建造業訓練局的成立背景	032
2.4	建造業訓練局的成立與架構	033
2.5	建造業訓練局早期的經費來源	035
2.6	九龍灣建造業訓練中心的選址	036
2.7	招聘職員和導師	039
2.8	首批課程和學員招募	040

第三章
建業成材——從建造業訓練局到建造業議會 050

3.1　香港經濟與建造業的發展 051
3.2　建造業訓練局的組織架構 058
3.3　建造業訓練局歸併於建造業議會 062
3.4　訓練收支 066
3.5　訓練中心的擴展 069
3.6　課程發展 081
3.7　多元的培訓計劃 096
3.8　引進創新科技與專業化 101
3.9　導師培訓 115
3.10　學員 116

第四章
創新求變——香港建造學院的運作 126

4.1　建造培訓面對的問題 127
4.2　香港建造學院的發展 129
4.3　香港建造學院的管治架構及部門運作 136
4.4　香港建造學院的課程 147

第五章
建安思危——建造業安全訓練的發展　　152

5.1　建造業訓練局時期的安全訓練及推廣（1984 — 2007）　**153**

5.2　建造業議會時期的安全訓練及推廣（2008 年以後）　**159**

第六章
繩正曲直——香港建造業工藝測試的制定與發展　　178

6.1　工藝測試制度推行的背景　**179**

6.2　工藝測試的早期嘗試　**180**

6.3　工藝測試正式確立（1993 — 1997）　**183**

6.4　工藝測試專門化（1998 — 2017）　**187**

6.5　致力配合「專工專責」的實施（2017 年至今）　**196**

6.6　現時工藝測試的設施和流程　**198**

6.7　資歷肯定　**202**

6.8　提升工藝測試服務質素　**202**

第七章
英才輩出──建造培訓成就夢想　　　　　　　206

第八章
德技傳承──香港建造培訓的工作及展望　　　216

　　8.1.　香港建造培訓的工作　　　　　　　　**217**
　　8.2　展望將來　　　　　　　　　　　　　**222**

注釋　　　　　　　　　　　　　　　　　232

附錄

　　建造培訓今昔　　　　　　　　　　　　　**250**
　　香港建造培訓 45 周年大事年表　　　　　　**270**

參考資料　　　　　　　　　　　　　　　276

鳴謝　　　　　　　　　　　　　　　　　284

序一

建造業議會主席
陳家駒

非常感恩歷年來能在不同的工作崗位上服務香港建造業，見證社會的變遷和建造業技能培訓的發展。

1970 至 1980 年代，香港經濟剛剛起步，大家重視一技傍身；二十一世紀進入知識型經濟的新時代，追求新科技、新知識，要求技能專業化，建造業也確立了技能測試和工人註冊制度。

隨着科技的不斷發展，建造業亦逐步邁向工業化和智能化；對技術人員的知識水平和學術要求也相應提升。建造業議會於 2018 年成立香港建造學院，根據香港學術及職業資歷評審局的資歷架構機制，改革課程和培訓模式，與主流教育接軌，加強社會對建造學院的認知，亦提供機會讓有志繼續深造的技術專才畢業生銜接大學課程。此外，建造學院亦加強全人發展元素，令新一代的建築人在學術、技能、思維及視野上可以同步發展。

香港建造業技能培訓正進入新階段，非常感謝歷史學家暨嶺南大學協理副校長劉智鵬教授，為香港建造學院這個重要里程撰寫歷史書籍《建造香港：方圓平直》，有系統地回顧過去 45 年建造培訓的人和事，為香港建造學院未來的工作發展提供珍貴的參考史料。

45 載努力耕耘，碩果纍纍。建造業技能培訓為香港建立了強大和扎實的施

工力量，將香港建設成為享負盛名的國際大都會，功不可沒。

　　謹此將《建造香港：方圓平直》一書，獻給所有曾經為香港建造業技能培訓
作出貢獻的拓荒者。

2020 年 7 月

序二

建造業議會建造業訓練委員會主席
余世欽

香港過去隨着人口增長及建造業的蓬勃發展，經濟發展迅速，建造業除了是香港重要經濟支柱之一，亦是帶動經濟發展的其中一項主要動力。過去數十年，香港有多項大型基礎建設，移山填海，開闢新市鎮，當中建造業的貢獻不可抹煞。隨着時代進步，工程技術要求提高，往往在建造過程中，出現很多不可預見的困難，期間亦面對很多不同的風險，這一切全賴建造業的同工逐一克服，努力完成各項工程。所以，建造業對香港的貢獻舉足輕重。

本人曾於 2003 年加入建造業訓練委員會成為委員，委員會的職能是向建造業訓練局建議於訓練中心開辦各項訓練課程。建造業訓練局初期只提供基本工藝課程及短期課程，以至職前培訓，後期拓展至在職訓練、管理知識、安全及監督管理等。回顧建造培訓多年來的轉變，以往的師徒制，師傅將技術口傳身授予下一代，但隨着師傅退休，行內出現青黃不接的現象，於是訓練模式由以往的師徒培訓逐漸演變至現今有系統的培訓。我們深知建造業要保持蓬勃發展，培育更多優秀人才是當務之急，而建造業議會屬下的香港建造學院在推動建造業培訓工作上扮演領導角色。

目前香港面對勞動工人老化、建造成本高昂以至工業安全、環保品質及生產力等問題，一定要從工人的培訓着手。事實上，現今建造業邁向年青化及專業化，我們需要用創新思維去改善技術及機械的使用去解決問題。近期積極推行的「組裝合成」建築法（MiC），可以減少地盤現場施工所引起的安全品質、環保問

題以至提高效率等；建築信息模擬（BIM）可以減少出錯，避免重做的情況出現，
也有利後期的資產管理等。這些都是極好的例子。

今年正值香港建造培訓 45 周年，本書以回顧建造培訓的發展里程為主要脈
絡，以及介紹最新的發展面貌，讓公眾人士透過本書對建造培訓在香港發展上的
重要性有更深入的認識，令香港建造培訓能夠繼續得到業界支持及社會認同，共
同推動行業的整體發展，為香港經濟發展出一分力。

2020 年 7 月

序三

香港建造學院管理委員會主席
李焯芬

　　香港是世界級的現代大都會，高樓大廈鱗次櫛比，大型基建舉目皆是。這無數的建築物得以建成，離不開工程技術人員的不懈努力，更離不開廣大建築工友的拼搏和汗水。為了培育高水平的建造業人才，建造業訓練局於 1975 年 9 月正式成立。2008 年元旦，建造業訓練局歸併於建造業議會，於議會之下成立建造業訓練委員會，繼續大力推動建造業人才培育工作。驀然回首，香港建造培訓事業已有 45 年的歷史。45 載默默耕耘，功在社會，潤物無聲，為了能配合社會的變化，與時並進，於 2018 年 10 月正式成立香港建造學院，為建造業人才培育開啟新的篇章。

　　香港建造學院成立後，課程經過評審，將逐步融入香港的學歷與資歷架構之中。這對畢業生未來的發展和繼續進修，都大有裨益。事實上，我們有不少校友都能通過自己的不懈努力，不斷提升自己的資歷和學歷，成為建造業的領軍人才或高級管理層。

　　香港建造學院的課程，不但重視建造技術，同時亦涵蓋了全人教育的許多元素，包括基礎理論的掌握、安全意識的全面貫徹、建造文化的了解、使命感及責任感的培養等，務使我們的同學能成為既有技術能力，又受到業界稱賞和社會敬重的新一代建造專才。

　　近代創新科技不斷高速發展，建造業亦如是。新一代的建造業人才，需要學

習和使用許多嶄新的技術，例如建築信息模擬（BIM）技術和「組裝合成」建築（MiC）技術，以及各種高度自動化的新型建築機械（例如隧道開挖機等）。資訊科技和人工智能已成為現代建造科技的一個重要組成部分。擺在我們新一代的建造業專才面前的，是一片廣闊的新天地，和無限創意的空間。

衷心感謝劉智鵬教授不辭勞苦，為我們撰寫了這樣出色的一冊建造業培訓45 年回顧和未來展望，感恩不盡！

2020 年端午節

前言

現代教育着重專才培訓，各所大專院校開設的學系，大都是依照不同行業的知識分門別類而成。早於 1912 年，香港大學成立工程學院，不但是最早在香港提供建築行業相關的大學課程，而且是東南亞歷史最悠久的工學院，當中以土木工程為主要學科。[1]1937 年，香港官立高級工業學院成立，提供專上程度的工科教育，而建築課程是最早開辦的課程之一。[2]

戰後，香港人口大幅增加，社會對建築工程的需求與日俱增。1950 年，香港大學開辦建築課程，並於 1958 年創立工程與建築學院。[3] 1972 年，香港理工學院成立，接管當時香港工業專門學院（其前身為香港官立高級工業學院）的校舍和職員，旨在滿足香港對建築等八個不同專業的人才需求。[4] 由此可見，從高等教育的層面而言，政府在培育建築專業人才上持續增加資源的投放，以支持香港城市發展和擴張的整體需要。

事實上，一座建築得以巍峨而立，從設計興建到落成啟用，投放的人力資源成百上千，涉及的工種也數以十計。在政府教育政策推動下，香港上層的建築人才能經常大放異彩；惟在建築地盤最前線工作的工人，長久以來都缺乏完善的教育配套。從前人們如欲學習某一門手藝，大多要找師傅拜師學藝，從雜工至滿師，到獨當一面，非得要下數年苦功不可，即使要投身地盤做「三行佬」也得如此。無可否認，師徒制源遠流長，但在現代社會下卻慢慢變得不合時宜。隨着職業學校於 1960 年代末興起，傳統工藝與新式教育日漸磨合，社會普遍認同需透

過系統性培訓課程，傳授不同行業的技能。至 1970 年代中，政府設立數個獨立
機構大力推動當時幾個主流行業的培訓教育，其中一個是香港建造業訓練局。

　　本書共分為八章，從傳統師徒制到前瞻建造行業的未來，主要集中回顧過去
45 年來，建造業訓練局、建造業議會及香港建造學院一脈相承的普及建造培訓
和教育的發展。另外，建造業界對提升工地安全和工藝水平一直不遺餘力，本書
亦特設專章探討當中的歷程。

　　本書主要依據歷史檔案、官方刊物，以及與五十多位建造業界領導、先進及
從業員訪談所得的資料整理編撰而成，力求真確呈現香港建造培訓的發展歷程。
不過建造業界規模龐大，涉及人員數以十萬計，箇中點滴舊聞並非一書可以道
盡，謹以本書拋磚引玉，期待業界內外人士能分享更多饒富趣味的故事，共同開
拓建造培訓這個歷史寶庫。

第一章

學師歲月

建造業的傳統師徒制度

1.1
建造培訓的肇始：由魯班先師說起

　　中國古代的建造業涵蓋三種面向：由頂而下的上架（建造）、以軸而行的中架（運輸工具）、由下而上的下架（造船），而建造業的「打石」、「木工」和「泥水」（一說是「搭棚」）三種行業則隸屬上架。隨着行業演進，廣義的「三行」演變為建造業的專有名稱。[1]中國傳統建築以木結構為主，古代建造從業者多是能者巧匠，傳統的營造技藝一般採用家庭作業和師徒授受，並以口訣傳承、代代相傳的方式為主。宋代李誡的《營造法式》是「上承漢唐、下啟明清」的建築著作，該書詳述宋代建築技藝逐漸蛻變的過程，並定下建築規例，對元明清時期建築的規範產生深遠影響。[2]清代參考《營造法式》而公布的官方著作《工程做法則例》，成為近世建築學家研究中國古代建築的必要讀本。

　　要數算建造業的開山祖師，就不得不提長久廣為業界奉為「先師」的魯班。魯班是戰國時期魯國人，名公輸般，獲明朝永樂帝封為「北城侯」，以表彰他對古建築的功德。[3]相傳魯班經常鑽研木器藝術與技巧，發明了鋸子、曲尺和墨斗，並流傳至今成為建造業的常用工具。[4]墨斗是工人用作彈線的工具，而曲尺，亦稱魯班尺，則是建造房屋時所用的測量工具。

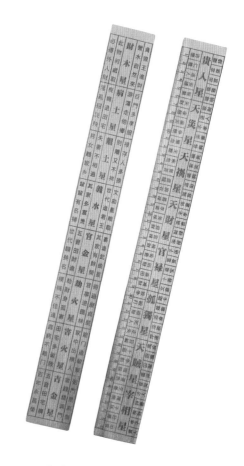

↗　魯班尺是古代工匠用以丈量
　建築物內各個位置的工具，
　所有尺寸均要符合尺上具有
　吉利意義的字詞

↗ 西環魯班先師廟是香港建築業界　　↗ 廟內供奉的魯班先師像
　最重視的廟宇

　　如今坐落在西環青蓮臺的魯班先師廟，是香港僅有祀奉魯班的廟宇。廟門兩旁有一對石刻楹聯，上聯「東魯繩規，遠垂萬世」，下聯「北城俎豆，永薦千秋」，言簡意賅地道出了魯班先師對建造業界的重大貢獻和地位。廟內正中供奉魯班先師像，兩旁各站立一尊門徒像，手上分別持有墨斗和魯班尺，除了紀念魯班發明了這兩件工具外，還具有警醒後人做事須有規有矩，不得恣意而為的意義。[5]

　　西環魯班先師廟創建於清朝光緒十年（1884年），廟宇所在地原屬富商李陞，他以口頭協議的方式捐贈土地予工人，隨即招徠眾多商號和工人捐資購買紅磚建廟。1888年，建造同業再次捐款擴建廟宇，並由廣悅堂管理廟宇事務。惟李陞後人未明原委，曾一度將土地出售予合興公司。廣悅堂一眾值理以「師廟之不可毀滅，古蹟之不可湮沒」為由，與合興公司多番商討，終在1924年正式由合興公司簽字送出該土地的業權，廟宇基址獲慷慨送回。[6]

　　每年農曆六月十三日是魯班先師誕，行內人俗稱「師傅誕」，整個建造行業都會為此而忙碌不已。戰前，三行工人並沒有勞工假期，遇有工程，更全年無休，唯有師傅誕那天例外。1950至1960年代，師傅誕的慶祝儀式尤為隆重，

在師傅誕前一天子夜起，魯班廟的賀誕祀典活動便陸續開始。到師傅誕正日，魯班廟前張燈結彩，各建造公司皆休業一天，三行各工會均帶備金豬酒醴，率領工友前往魯班廟上香，並向魯班像行禮致敬。[7]除祭祀外，在廟前空地還舉行舞龍、舞獅等歡娛節目，由不同的建造公司組織龍隊、獅隊上台表演。[8]往日慶賀魯班誕時，還有一項派發「師傅飯」的傳統活動，首先魯班廟會準備一口鐵鑊用作烹煮白飯，加入粉絲、蝦米、眉豆等食材，再由判頭和僱主派發「師傅飯」給附近的鄰里坊眾。相傳吃過「師傅飯」的孩童不單能像魯班那樣聰明，而且更會快高長大、健康伶俐，因此也吸引不少街坊攜同子女前來，場面極為熱鬧。[9]直到晚上，各工會在港九各酒樓舉行聯歡晚會，其中尤以香港建造商會的晚會最為壯觀，多達 1,500 餘人出席，筵開 120 多席，業內不同工種的工會皆聚首一堂。[10]此外，建築地盤負責人亦會向分判商及管工、工人等募捐，以贊助廣悅堂的活動，廣悅堂便會按贊助的比例送回燈籠及燒肉券予建築公司分發給地盤，張掛燈籠及吃燒肉慶祝。

↗　昔日師傅誕是業界盛事，圖為 1957 年《華僑日報》的報道

時至今日，師傅誕當天各建造行業公司休業一天，率眾前往參拜的盛況已不復見，不過不少建造業僱主仍然會在師傅誕當天請一眾「伙記」吃飯，讓大家有機會彼此交流，也讓年輕人向師傅表達謝意。[11] 吃飯的目的不僅是為追憶思源，而是讓所有建造業後輩都能貫徹弘揚魯班精神，繼續傳承對建造工藝和施工質素都要做到一絲不苟的優良傳統，以達致「準繩分曲直、規矩定方圓」的專業水平。[12]

弘揚魯班精神的幕後功臣

促成魯班先師廟在香港成立的組織，乃是 1884 年創設的廣悅堂（即現今香港魯班廣悅堂）。[13] 1949 年，廣悅堂註冊成為魯班廟廣悅堂建築業工商會，其理事多為當時本地的建造商，並獲得建造商號捐資在廟旁修建魯班先師廟廣悅堂公所，於 1950 年落成。[14] 除了管理廟宇和籌辦每年的師傅誕以外，當時老一輩的建造同業希望幫助經濟條件較弱的工友子弟，廣悅堂於是亦興辦教學，先於 1949 年在灣仔租用校址創辦「廣悅堂義學夜校」，後於 1968 年在香港仔華富邨建立「廣悅堂魯班學校」（後更名「廣悅堂基悅小學」）。[15] 魯班廣悅堂弘揚魯班傳統精神不遺餘力，近年曾與教育局和建造業議會合辦「技能提升魯班獎」及「青年魯班選舉」，表揚在建造業界表現傑出，具有良好職業操守、安全意識及卓越施工技藝的年輕學員。其中「青年魯班選舉」頒獎儀式更在師傅誕當天舉行，香港建造學院亦曾安排學員到魯班廟出席，以示對傳統建造工藝的尊重，並建立對建造業界的歸屬感。[16]

↘　昔日的廣悅堂魯班學校為建造業界勞工子弟提供了接受基礎教育的機會

↗　香港建造學院管理層及學員出席魯班先師誕儀式，以示對魯班精神的尊重

戰後香港建造業的工會與派系

建造有行規：三行工人與工會

　　早年香港的三行工人多從中國內地前來，形成不同的工人群體。由於血緣與地緣關係相近，較早時居住於廣東的工人便來到香港展開他們的拼搏生涯。在工程分判制度下，工人理論上並不隸屬於任何承造商，萬一出現勞資糾紛或工業意外，工人難以向僱主或資方爭取合理的權益，不同工種的工會便應運而生，作為支持工人與資方磋商談判的橋樑。[17] 當時由各建造行業建立的工會林林總總，泥水、木工、油漆、搭棚、紮鐵等行業都有專屬工會，就算是同一工種，不時會有數個至十數個不等的工會。[18] 工友只需付出若干會費，並從事所屬工種行業及取得行內一人介紹就能成為工會會員，建造工友往往會加入多個工會。每逢節慶，工會會發放應節物品；若工友因經濟不景工程減少導致失業，亦會獲派慰問物品，例如慰問米。[19] 工友加入工會固然可享有不同福利，惟同時須遵守會內的規則；早期工會主要以行業工種和地域來劃分。[20] 有時要從事某種行業的工人必先加入工會，若被發現未有入會，便會受同業工友的排擠，甚至因此而喪失工作機會。[21]

上海派系的優勢

　　戰後，中國內地爆發內戰，大量在江浙一帶的建造業從業員南下香港尋找工作機會，他們將上海的建造技術引入香港，並受到本地建造業界的推崇。早期來港的江浙建造實業家，不但形成別樹一幟的建造風格，更建立具系統的建造管理制度，業界稱之為「上海幫」，在香港的建造業界長久佔有重要的角色和地位。[22]

　　戰前的香港受到英國建造技術影響，於 1920 年代已普遍採用鋼筋混凝土技術，如油麻地警署（1923 年）、九龍醫院（1925 年）、半島酒店（1927 年）等。[23] 鋼筋混凝土技術不但應用在西式建築，同時亦可見於華人社區的住宅。雖然鋼筋混凝土技術具有彈性（elastic properties）和物料供應充足的特點，[24] 但與

傳統建築相比，在外形和結構上則缺乏變化。為改善鋼筋混凝土技術的不足，講求精細造工的「上海幫」會使用上海批盪，即用細沙和細石混入批盪，以達致粉飾外牆，美化建築的效果。[25]

　　上海師傅講究手工、追求嚴謹的態度獲得香港建造業的推崇，不少資深的建造業者均認為上海的建造水平比香港和廣東更為優良，其實這還與上海建造實業家推行新式管理制度有關。1950 至 1960 年代，香港建造業龍頭有四家來自上海的建築公司：保華、新昌、公和，及孫福記。這些公司在來港前已有不少參與興建大型工程的經驗，例如新昌的葉氏家族曾經負責興建錢塘江大橋引橋工程。[26] 要處理這類大型基建工程，必先要對工程有嚴謹要求，因此上海建造業者無論在生產還是管理方面都採用了專業方式，對於公司職員亦設有專門的培訓模式和制度，更會資助職員繼續讀書進修，力求精益求精。[27]

↗　剛落成時的半島酒店。受英國建築技術影響，
　　當年已使用鋼筋混凝土技術（高添強先生提供）

入行第一步：學師過程

1970 年代以前，政府尚未建立普及職業教育及建造培訓制度，要成為建造業一員，往往都是通過學師，即擔任地盤師傅的學徒來學習建造工藝。[28] 新人往往要經過艱苦的學徒生涯才能正式入行，這也是以往建造行業吸納人才的主要方式。不少工人在 14 至 15 歲左右已投身建造業，一般家境清貧，因不能支付學費而輟學，有的學歷僅限小學程度，從事建造等勞動工作是主要出路。[29]

新人要入行通常需要經熟人介紹，或作信用擔保，大多是從親戚或鄰里介紹給相熟的地盤師傅；部分則因家中從事建造或相關的生意而入行，即使日後可成為少東主，未入行前仍要從低做起，向師傅學習手藝。有趣的是，建造業在當時鮮有透過報章或電台廣播招聘人員，大部分都是依靠親緣或地緣關係招聘人手。在學師時為免學徒中途退出招致損失，師傅通常收取一筆學師費作為保證金，若經濟條件不足，亦需要有擔保人作證。[30]

雖然學師沒有明確的規定，但一般需要三年時間，及後因應個人手藝所達至的程度而補師若干時間，方能出師。有師傅更認為學滿師只是入行的起點，距離成為獨當一面，可獨立承接工程的師傅還有一段很長的路。[31] 在學師最初一兩年一般只能擔任師傅的「下把」，從事為師傅跑腿、打掃、洗衣、煮飯等下欄工作。由於這個時期的學徒基本上沒有為師傅或公司創造任何生產力，相反師傅還得提供伙食或工資等成本，所以務求能讓學徒得到更多歷練，讓他們明白從事建造工作殊不輕鬆。[32] 在頭一兩年間，師傅會對學徒異常嚴厲，學徒則對師傅唯命是從，始終保持恭敬順從的態度，方能慢慢承傳師傅的手藝。[33]

雖然頭一兩年師傅沒有給予徒弟太多機會接觸實際建造工作，但是這並不代表徒弟不能學習技藝。一些力求上進，有心在建造業發展的青年會自行尋找機會學習，遇有師傅或地盤工人空閒的時機，就會勇於發問，並觀察他們的工作情況；當師傅或工人結束一天的工作後，他們便照樣提起工具，試着和師兄弟一起練習，俗稱「偷師」。這種表面上不被允許的行徑實際是他們增進技藝的良好機

會。因為只要有練習的機會，才能讓師傅看見自身的努力，到正式學師時師傅亦格外看重。[34]

肯捱肯做

　　許多老師傅在回顧他們的學師過程時，都用上一個「捱」字來形容箇中的艱辛。早年香港的建造業環境既不講求衞生，也不注重安全。有水喉匠學徒日間要跟師傅進入地盤工作，到晚上就要協助師傅把鐵鑿打利。打鐵需要開動扯風箱火爐工作，燒紅鐵鑿去打，學徒在操作過程中稍一不慎就會被火灸燙傷。至於睡覺時就在廠內一排排的水喉架上面鋪上一張地蓆，但由於水喉架凹凸不平，若不小心，人便會跌得四腳朝天！[35] 有些師傅性格暴躁，對徒弟格外嚴厲，若徒弟做得不好便破口大罵，有時更會施展「大力金剛腿」，狠狠教訓一頓。學徒平日替師傅斟茶倒水不在話下，有時還要化身傭工，清洗師傅的內衣褲。[36] 不過學徒只要捱過這段艱苦歲月，接下來便能專心向師傅學習手藝，承接師傅的衣缽。

夜班工作的苦與樂

　　1950 至 1960 年代，香港建造業工人大多出身基層，沒有足夠的經濟條件。因此一有合適的工作機會，人們都願意去做，並不揀擇。當時政府未制定工程的噪音條例，晚上仍可開夜班。工人每個月工作二十多天，一有工作就會上班，多勞多得。一般工作時間為上午 9 時至下午 6 時，有些工種會提早至 8 時開工；當過了正常的下班時間而需要加班工作，即從下午 6 時起到 10 時，薪金以兩倍計算（四小時作「一工」，俗稱為「雙工」）；到晚上 10 時後工作更會以兩小時作「一工」計算，俗稱「三工」。以往人們的消遣娛樂不多，地盤師傅僅有的娛樂就是賭博。每逢夜間賽馬的日子，有些僱主會安排一些「小工」到投注站幫師傅下注；有些甚至索性購買一台收音機放在地盤，讓師傅邊收聽賽事邊工作，寓工作於娛樂。[37]

　　戰前，建造業的師徒關係較為明確，多需要透過正規的拜師儀式來確立師徒關係，拜師時徒弟需行跪地敬茶之禮，並首先向魯班先師像跪拜，然後再對師傅師母一家奉茶。禮成後就由師傅免費提供食宿，但沒有工資可領，屬於「有食無工」；而徒弟在接下來的數年就會緊貼同一位師傅外出四處工作，這猶如家庭中的父子關係，師傅自然對徒弟亦較有責任心，因徒弟的成績好壞是師傅親自教養出來的，代表自己的名聲。[38] 及至 1950 至 1960 年代，這種師徒制度的情況逐漸發生變化，傳統的「師傅—徒弟」逐漸演變成「師傅—學徒」的模式，學師前已不用遵從拜師儀式，學徒也不用固定只跟一名師傅，師傅某程度上是學徒的東主，會按照學徒所學程度的深淺派發相應金額的工資，較快上手的學徒可獲提高工資，但熟練程度主要仍是由師傅決定。[39]

　　甫進學師第三年，師傅會正式傳授技藝予學徒，幾個學徒會跟一名老師傅，一群人一起在工地工作；若學徒能力出眾又獲得師傅肯定，往往得到晉升機會，成為地盤內的小師傅，替師傅處理一些小型工程。[40] 學徒所學習的內容包羅萬象，由於以前各工種內沒有明確的分工，工人亦沒有固定的職責，學徒大多都是學習一門工種內所有的技能，即俗稱「全科」。在地盤工作可說是一眾學徒實戰的絕佳機會，由於地盤內的管工和工人不會再把學徒視作需要關照的對象，故學徒需要隨機應變，並快速培養出獨立解決問題的能力。[41]

　　當學師滿三年，不少學徒也未能直接滿師投身建造業，因為他們只是學會應用技藝的方法，而未有精進的機會。這時師傅會按照各人的水平進行「補師」，為期半年至一年不等。期間師傅會將部分承接回來的小工程交予學徒，讓他們在實際的工作環境中掌握精細的工序，以「快、靚、正」為目標磨練手藝。補師期結束後，師傅會為徒弟擺滿師酒，以作慶賀。滿師酒對於一名徒弟來說意義深遠，它不但代表師傅對徒弟技藝水平的肯定，並且標誌着學徒生涯的終結，而獲得「師傅」的尊稱。滿師酒一般設於酒樓，並邀請各相熟建造公司的老闆和判頭參與。對徒弟來說，這是首次正式接觸建造同行，尋找工作的機會；而對師傅而言，介紹學有所成的徒弟予同行是一件有體面而光榮的事情。[42]

小結

傳統建造行業尊奉魯班為祖師，因此徒弟只要入行成為學徒，就要尊師重道，對師傅畢恭畢敬，艱苦的學師歲月固然可砥礪徒弟發奮上進、精進技藝，但當時上海和廣東師傅均各自有其獨特的建造技術，工程的質素自然也不能只用某一標準釐定。到了 1960 年代後，因應對建造工程需求的增加，建造業界和香港政府逐漸發現行業需統一建造規範，甚至是更新行內技術以適應高增長的建造需求。為達至目標，需依靠成立專門的職業教育和培訓機構，香港建造業訓練局就是在這種背景下應運而生。

匠「新」獨運

建造業訓練局的成立與早期運作

2.1
戰後建造業蓬勃發展

　　戰後大量人口從內地移居香港，人口增幅幾乎以每月 10 萬人計算，1950 至 1970 年間，香港人口已由 200 萬上升到 400 多萬。隨着人口急劇上升，引發社會對各類居住房屋及工商業建築的極大需求。[1] 1955 年，政府修改《建築條例》，放寬建築物的高度限制，不少建築物拆卸重建，大大刺激了香港房地產業的發展，至 1964 年達至歷史高峰。好景不常，香港社會因過度投機地產，1965 年爆發銀行信貸危機，地產市道大受打擊。當時有銀行被迫申請破產，為免存款頓成泡影，存戶紛紛前往銀行提取存款，觸發擠提風潮，銀行遂大幅收縮對房地產業的借貸，並加緊追討欠款，其中廣東信託銀行被政府接管後，隨即有 100 多個地盤因受牽連而被迫停工。[2] 1967 年發生政治暴動令建造業雪上加霜，當時建築工人由全盛時期的 15 萬人銳減至 12 萬人。工程量的大幅削減更令地產市道進入戰後以來最疲憊、最黯淡、最困難的時期。[3]

　　踏入 1970 年代，香港經濟迅速復蘇。1971 年底麥理浩（Murray MacLehose）出任港督，開展了香港有史以來時間最長和規模最大的社會民生改革。1972 年，港督麥理浩宣布推出十年建屋計劃，目標在十年內建造可容納 180 萬名市民的居所，並在新界擴展多個新市鎮，例如荃灣、沙田、屯門等。由於城市和新界土地的發展，促進了多項工務工程，亦為香港建造界帶來蓬勃的生機。[4] 在短短數年間，政府陸續籌劃及開展幾項重大的利民建設工程，包括興建公營房屋、萬宜水庫、海水化淡廠、啟德機場擴建以及地下鐵路等。在因市道疲弱導致私營樓宇供應不穩的情況下，政府的建設計劃為維持工程數量注入強心針。根據政府當局統計，1975 年的公共工程份額接近整個建造業工程的一半。儘管香港經濟曾受創於 1973 年至 1974 年期間爆發的中東石油危機和股災的影響，地產和建造業界一度陷入低潮，私營建設數目大幅減少，但麥理浩推動的各項基建工程，已足以解決在私營建造業市場產生的人手過剩問題。[5]

↘ 1968 年的彩虹邨，是香港早期落成的公共屋邨之一
（香港政府新聞處）

↗ 1977 年，地下鐵路工程進展如火如荼，坪石和樂富邨
的路線採用隨挖隨填法建造（香港政府新聞處）

↗　1974 年，規模浩大的萬宜水庫（香港政府新聞處）

1971 年至 1976 年期間，政府就香港建造業的情況和行業對人力的需求作出多次估算和研究，並於 1976 年 3 月發表《有關建造業負載能力的報告書》（*Report of The Load on the Construction Industry*）。在報告書中，政府預見隨着眾多大型建設計劃相繼推出，工務工程的數量將會急速上升，因此即使私營建設數目有所放緩，政府工務工程數量的上升已對建造業長遠培訓人才產生了一定的需求。

2.2

職業教育的發展

1950 至 1960 年代，香港教育制度尚未完善，不少兒童和青少年因家庭貧窮而失學；1960 至 1970 年代，政府依次發展小學和中學的常規教育，情況逐漸得以改善。與此同時，為避免青少年失學造成嚴重社會問題，政府認為有必要建立有系統的職業教育先修學校以培訓各類人才，不但能讓他們盡快投身社會，找到人生志向和目標，而且能滿足行業對人手的需求。

1960 至 1970 年代是香港工業起飛並急速發展的年代。建造業作為一門專門技能行業，長期需要一定數量的熟練工人，但行業急速擴展卻引致工人數目不足。政府遂加緊檢討工業訓練政策，並就香港工業訓練作出整體的檢視和改革。1965 年 9 月，政府成立工業訓練諮詢委員會，目的是要推薦適當的永久機構，以確保完善工業訓練制度，配合香港的經濟發展。[6] 經過委員會調查後發現，香港工業訓練主要面對幾個問題：首先，香港缺乏公認標準來測量所有工業所需達致的技術水平；人員方面，香港雖有龐大的勞動人口，但工業所需要的適當人手，即熟練技工和技術員層級則因欠缺整全的培訓計劃而未有充足供應。此外，僱主並沒有主動培訓員工的意識。事實上培訓所花時間不少，要培育一名員工接受全面的基礎訓練，不僅需動用額外成本，員工亦有可能在受訓後轉業，不符合僱主實際利益。[7]

隨着香港工程數量及規模的上升，政府很快意識到沿用傳統師徒制，以行業培訓人才的方法，長遠來說並不足以應付香港城市的急速發展和擴張。有見

↗　摩利臣山工業學院是香港首間工業學院，早年已因應香港工業的需求
開辦不同課程，培訓工業人才

及此，由 1960 年代中期開始，政府便致力推動工業和職業教育，分別在工業學校、職業先修學校和在職教育三方面，按照學員的年齡和學歷劃分，提供不同程度的工業教育。[8] 1969 年摩理臣山工業學院成立，至 1970 年代，再有四所工業學院（觀塘、李惠利、黃克競、葵涌）相繼落成。[9] 當時的工業學院由教育司署負責管理，直到 1982 年移交新成立的職業訓練局營辦。

　　除了職業教育外，學徒培訓亦是訓練人才重要的一環。1960 年代，部分政府部門已設有技工學徒訓練計劃，例如工務司署的電器機械工程處、九廣鐵路局、水務局和消防事務處等，多以自行開設或與工業機構合辦的方式運作。[10] 後來，經過政府勞工處學徒訓練組的努力，將學徒計劃由政府部門逐步擴展到工業界，協助廠商開辦適當的學徒訓練計劃，以求解決大部分廠商忽略對訓練人才的重視以致缺乏大量中級技術人員的問題。[11] 工業和職業教育的成功推行，為日後建造業訓練局的成立奠定基礎。

　　1973 年，政府設立一個新的機構 —— 香港訓練局，以取代原來只有諮詢性質的工業訓練諮詢委員會。政府賦予香港訓練局更大的職權範圍，以統籌法定訓練工業人力所需的技術員及熟練技工等技術人員。[12] 參考其他同類型行政架構，香港訓練局的成員包括勞資代表、教育界、各訓練組織及政府部門的代表。香港訓練局由一名非官方兼立法局成員的知名人士所領導，與之前的工業訓練諮

詢委員會以勞工處處長擔任主席有所不同。[13] 當時香港訓練局有為不同行業設立訓練委員會，其中便有建築及土木工程訓練委員會，委員會的職能是評估建造業的人力需求，並且提出能夠滿足這些需求的措施。[14] 1973 年香港訓練局建築及土木工程訓練委員會所作的人力調查顯示，建造業每年對技工數量的需求達 970人，但當時在工業學院接受建造訓練的人數只有約 280 人。[15] 即使調查並未涵蓋經師徒制訓練出身的工人數目，但已反映出當時人力供應遠未達至建造業市場的需求。技工數目的不足會令工程效率降低，其成本也會相對增加。與此同時，政府及建造業人士認為建造業市場將會在幾年間急速發展，政府並預計工程的急劇增加會導致建築材料價格和工人工資上漲，因此培訓適當的熟練技工亦成為當務之急。[16] 香港訓練局委員會遂極力主張針對整個建造行業的技術工人實行一系列的學徒訓練計劃，當中分別涉及對建造知識的基本培訓、方便在職技工進修的在職培訓，以及有關特定建造技術的培訓。[17]

2.3

建造業訓練局的成立背景

　　儘管職業先修及工業中學教育的發展漸上軌道，而政府針對各種工業亦有進行人力調查以及訓練工作，不過一般工業學院的培訓並未能滿足各種行業的需要。當時有人認為工業教育與社會和業界脫節，得不到學生和僱主雙方面的支持。以建造業為例，建造師傅認為學生往往只能攝取書本上的理論知識，而工地經驗則乏善可陳；工業學院的畢業生亦因對行業的認識停留在理論層面而不了解實際的工作情況，當他們進入工地後，便因為想像的工作環境和待遇與現實產生落差而感到失望。[18]

　　建造業訓練局（建訓局）成立的契機始於時任勞工處的黎澤鑾先生（其後出任建訓局委員）的支持，促成建造業代表與政府官員會面，向政府表達建造業對訓練需求的關注。[19] 地產市道在 1970 年代中期復蘇，令建造業界自身受到熟練技工短缺的影響，行內能熟練掌握建造技術的工人嚴重不足，即使招聘外來勞工，也未能滿足香港工程項目急劇上升對人手的需求，各方因此需要想辦法合作

解決工人不足的問題。[20]

　　除了工人供不應求，業內固有的運作模式對有效培訓專才亦構成障礙。原有的學徒培訓標準不一，而基於分判制度，當時建造行業聘請工人以散工為主，建築地盤工作完成後，工人便會解散。[21] 而且在分判制度之下，涉及不同工種的工程會分配給不同的分判商，在工程期限的影響下，承建商或分判商實在難以提供全面及連貫的工藝培訓。[22] 因此，行內需要有一個由經驗豐富的導師任教並提供統一培訓的機構，以回應當時工程增長所帶來的工人短缺和質素參差等問題。[23]

　　1974 年初，香港訓練局的建築及土木工程訓練委員會建議採用貢獻性培訓計劃（contributory training scheme），[24] 這有別於更早之前工業訓練諮詢委員會由政府全盤訓練工業人才的建議，令培訓走向專門化，因為業界認為由政府統籌的工業院校只能提供工業的一般訓練，未能迅速回應業內對專業人手迫切的需求；[25] 與此同時，紡織業也面對行業的需求而需同樣設立法定機構，最終政府亦接納了紡織業成立訓練局的建議。[26]

　　政府同意成立法定機構後，隨即構想興建訓練中心。1974 年 5 月，工業訓練諮詢委員會就以上對工業教育及訓練不符合實際工作環境作出建議並發表報告書，當中提出僱主必須訂立包括新式學徒制的工業訓練規劃，藉以培訓技工及技術員；為了加強整體人力訓練，政府和業界需通力合作，由政府以免費批地的形式予業界成立訓練中心。訓練中心必須以非牟利性質運作，僱主則有責任負擔中心運作所需經費及經常性開支。這些建議措施日後大多獲政府接納且付諸實行，建造業訓練局就是政府一個按照委員會倡議模式成立的機構。[27]

2.4

建造業訓練局的成立與架構

　　1974 年 1 月 29 日，時任港督麥理浩根據有關委員會在備忘錄中的意見，成立臨時建造業訓練局。臨時建造業訓練局作為正式法定機構成立之前的過渡性機

構，須協助政府制定及完善有關法例，並就未來的發展計劃向政府提出建議；例如
為培訓中心尋覓合適用地、制定課程內容、訂定計劃各項費用等。[28] 臨時建造業訓
練局參照香港訓練局委員會的行政架構，成員涵蓋建造商會、專業學會、工會等
代表，以及香港訓練局建築及土木工程訓練委員會及政府部門所派出的代表，合
共 13 名。[29] 1974 年 6 月，港督正式委任一名建造業界的知名人士出任臨時建造
業訓練局主席，第一任主席為黃天送先生，惟他不幸在上任翌年辭世；時任臨時建
造業訓練局委員的葉謀遵博士接任成為第二任主席，同時替換 6 名委員會成員。
除了第一任委員會的任期為一年零三個月外，其後歷任均維持兩年一任。[30]

　　1975 年 12 月 17 日，當時的立法局議決通過《工業訓練（建造業）條例》，
並隨即生效。[31]《工業訓練（建造業）條例》的通過標誌着建造業訓練局正式成為
法定培訓機構；在法例賦予的職能下，建訓局會為整個建造行業提供訓練課程，
並因應建造業對人力的需求增加訓練課程和設立更多工業訓練中心；在學員完
成課程後，建訓局會協助學員就業。[32] 建訓局的委員會成員包括勞資代表、教育
界、訓練組織及政府部門的代表。建訓局作為一個由建造行業人士帶領及主導的
法定機構，對其發展擁有一定自主權，不過在成立初期由於政府向建訓局提供貸
款和撥地興建訓練中心，而管理建訓局的委員人事任命亦須經由政府批准，[33] 因
此，建訓局在營運初期需要爭取政府實際支持以進一步拓闊發展空間。

↗　建造業訓練局於 1975 年依照《工業訓練（建造業）條例》成立

　　根據《工業訓練（建造業）條例》第 11 條，建訓局可就各項事務設立多個委員會。[34] 在建訓局成立之初，就常規事務而設立的委員會共有六個，分別是：財務委員會，徵收稅評估反對事宜委員會，條例闡釋委員會，職員編制委員會，訓練課程、設施及學員就業安排委員會，監督建造訓練中心委員會。在九龍灣訓練中心落成之前，建訓局另外成立專責委員會以籌備訓練中心的開幕典禮，以及在課程上考慮是否由建訓局主辦建造業電器技師訓練課程。[35]

2.5
建造業訓練局早期的經費來源

　　建造業訓練局早期的經費主要來自訓練稅及政府的借貸，而建造業是首批以收取訓練稅作為徵款模式的行業。長久以來，工業和職業教育主要由政府撥款，因應市場需要培訓適當的行業人才。然而，建造業的培訓需要很大程度源自於工程數目的增加，因而需要為市場增加額外人手。政府預見以業界自身資源展開貢獻性培訓計劃（contributory training scheme），不僅可為訓練中心提供獨立經費來源，減輕政府的財政負擔，更是唯一切實可行並有效解決經費問題的方案。政府此一經費來源方案最終得到建訓局委員會廣泛接納而付諸實行。[36]

　　鑒於徵收訓練稅必須通過立法程序，建訓局因而未能在成立之初即時推行。為解決營運經費的問題，建訓局於 1976 年 1 月從政府的發展貸款基金取得 880 萬港元的貸款，以支持興建第一所訓練中心及一切相關的預備工作。[37] 當時政府意識到貸款將不能全面並持續應付建訓局的各種開支，1975 年 3 月，臨時建訓局訂立 880 萬港元的建造預算費用，並於同年 6 月增加至 950 萬港元。不過，最終政府卻沒有批出臨時建訓局要求的全部貸款，而期望建訓局能夠盡快透過徵稅達致收支平衡。[38]

　　隨着《工業訓練（建造業）條例》正式生效，自 1976 年 1 月 1 日起建訓局可向新開展的建造工程徵收訓練稅，在此之前開展而仍在進行的建築工程則不

包括在內。徵款初期，訓練稅率為建造工程價值的 0.25%，負責造價超過 25 萬港元或以上工程的承建商必須向建訓局繳交有關稅項。建訓局同時擔任評估和跟進訓練稅的徵收，若承建商反對所評估的稅項，則可向相關的委員會作出投訴。[39] 因應經濟環境及儲備金的多寡，建訓局會定期審視稅率，若訓練稅收入持續未能達致建訓局的收支平衡，就需要向政府建議檢討稅率。[40] 事實上，建造業在 1970 年代後期的蓬勃發展令訓練稅收益超出預期；不過建訓局

↗　建造業訓練局成立初期的局徽

亦意識到此現象並不會保持不變，所以擁有檢討稅率的權利令建訓局在將來即使面臨任何衰退情況，仍能保持原有的訓練規模，並籌劃未來發展。[41]

訓練稅的徵款率及徵收門檻的制定是由房屋委員會因應建築市場的運作情況作出建議，然後再交予建訓局決議通過。經過估算，1976 年的所有公共和私人工程的總價值為 30 億港元，將徵款率定為 0.25%，可徵取 750 萬港元的稅項，[42] 這可以支付當時建訓局全年共 710 萬港元的經常性支出的預算，剩餘的 40 萬港元則作為建訓局的建築儲備金。[43] 另外，在有關條例下，工程價值不超過 25 萬港元是可獲豁免徵款。這類工程主要是維修性質而非建造性質；為便於管理徵款，徵款門檻便定於工程造價 25 萬港元或以上的工程。[44]

2.6

九龍灣建造業訓練中心的選址

建造業訓練局的第一所訓練中心位於九龍灣大業街，即香港建造學院九龍灣院校現址。建訓局的委員考慮到中心用地需有足夠空間容納不同的建築設備，例如塔式起重機和大型挖掘機等，遂要求政府撥出一幅偌大的空地用以興建訓練場地。[45] 最終政府在九龍灣與觀塘之間的填海區，預留 60,000 平方呎（約 5,574

平方公尺）的土地，並按照工業用地不需補地價的方式，以個別條款提供予建訓局使用。[46] 訓練中心的原初設計樓高六層，除了其中一層闢作辦公室之外，其餘樓層則用作培訓學員的訓練工場。訓練中心的興建工程招徠了十間建築公司的投標意向；[47] 其後在建訓局委員的推薦及與相關投標公司多番洽談下，最終於 1975 年 12 月決定交由金門建築承辦。[48]

　　九龍灣建造業訓練中心的興建工程隨即在 1976 年 1 月開始動工，並於同年 12 月舉行平頂儀式。[49] 1977 年 6 月，訓練中心正式竣工，主體大樓共五層，設有 12 個工場，當中佈置皆模擬地盤的實際環境。[50] 訓練中心可用建築面積達 7,900 平方公尺，另外又撥出 2,000 平方公尺的空地作為實習及儲存物料之用。[51] 整個興建工程共耗費 950 萬港元。[52] 同年 8 月，由港督麥理浩主持的訓練中心揭幕儀式為香港建造培訓揭開新的一頁。[53]

↗　　1976 年興建中的九龍灣建造業訓練中心

↘ 建訓局主席葉謀遵先生在九龍灣建造業
訓練中心開幕典禮致辭

↘ 建訓局主席葉謀遵先生陪同時任港督麥理浩
爵士出席九龍灣建造業訓練中心開幕典禮

↗ 訓練中心有註冊護士駐守

2.7
招聘職員和導師

　　1976 年，建訓局的運作尚處於起步階段，為盡快招聘合適人員，以趕及在翌年訓練中心落成後開班授課，建訓局委員展開了馬不停蹄的招募和面試。在 1976 年，建訓局除委員以外所聘請的全職人員只有 4 名，但一年後便增加至 69 名職員，其中包括 22 名二級工藝導師及 8 名一級工藝導師。[54] 建訓局招聘導師的主要對象是資深的熟練技工，即在行內工作經驗豐富及熟知工地情況的師傅。不過這些師傅大多不願意離開賴以維生的本行，轉至建訓局從事教學和行政工作。另一方面，建造培訓的本質是教育工作，對導師的文化學養尤其是語文能力有一定要求。導師不但需要運用廣東話和簡單英語教學，還要處理文書往來，並接受再培訓以學習最新的建造技術。鑒於其時行內師傅大多在年輕時循學徒身份入行，而沒有機會接受進階教育；儘管建訓局向導師提供不錯的招聘待遇，但要找到合適的人選仍非易事。為尋找願意加入建訓局的熟練技工，建訓局積極聯絡各個工種的工會及多間主流建築公司。[55]

首批導師應徵考核

　　為了提供優質的教育，導師的質素具有決定性的影響。創校之初，建訓局已招募了一批優秀的導師，他們都是通過面試和技術考試等嚴格的考核才成為建訓局的一員。當年的木工科導師面試，應徵者需要面對八位面試官的提問，除了問及家具製作的原理外，亦會即場舉例要求應徵者清楚解釋家具製作方法，諸如「你認為木枱有多少種拼板的方法？」、「如何立門框才不會令門框倒下？」、「如何知道門框是直？」等問題。面試過後還有技術考試測試應徵者的實際技能。[56] 當年能夠從中脫穎而出的應徵者有不少成為日後建訓局導師團隊的支柱。

首批課程和學員招募

　　早於九龍灣訓練中心落成之前，建訓局已根據政府意見訂立每年訓練 660 名學員成為熟練技工的目標。[57] 九龍灣訓練中心提供的一年制基本工藝課程，涵蓋了傳統建造行業最常見的七項工種，包括：泥水全科、粗細木工科、髹漆粉飾科、寫招牌字科、上下水道及潔具裝配科、搭竹棚科、石工和機械維修科。[58] 學員完成課程後，須在工地實習滿兩年才可獲頒發技工資格證明書。[59] 具有中學三年級或以上學歷並年滿 14 歲者皆可報讀。為進一步吸納青年入讀，早年偶有中學一、二年級的少年也獲酌情錄取。[60]

↘　　搭棚學員搭起蘆蓆棚

↗　　石工學員學習琢石面的技術

↘　機械維修科學員在修理推土機

↗　上下水道及潔具裝配科學員在
　　安裝污水排洩管道

↗　髹漆、粉飾、寫招牌字學員學習情境

↘　粗細木工科學員嘗試使用各種機械

↗　泥水科學員接受「上海批盪」實習訓練

　　建訓局大力宣傳招募學員，不但定期參加勞工處舉辦以青少年為對象的職業展覽會，在會場內設置攤位和派發宣傳刊物；[61] 同時透過各大報章、電視、電台等媒體刊登廣告。[62] 建訓局首年的宣傳標榜課程一方面能讓年輕人繼續進修，另一方面不愁工作出路，並提出學員在一年的訓練期限，每月可獲得最多 200 港元津貼的待遇。[63] 最終成功吸引超過 3,000 名合資格青年報讀，平均近五人爭一個學額，遠遠超出了每年的培訓目標人數。[64] 為加強向青年推廣基本工藝課程和其後增設學歷要求達中五程度的技術員課程，建訓局亦派員到中學和職業學校舉辦就業講座，向學生講解中心所提供的訓練種類、就業前景及解答學校師生的疑問。[65]

　　學員到工地實習時，必須簽訂有效的學徒訓練合約才能獲得聘用。1976年，政府實施《學徒制度條例》，列明僱主須讓學徒修讀工業學院的部分時間給假制的訓練課程（part-time day release courses），最終目的是希望以理論結合實踐，建訓局的課程亦包括其中。[66] 建訓局在一年制基本工藝課程設計中包含了部分時間給假制課程，學員每週有一天的時間須到固定的工業學院上理論課，為期 30 週，以學習建造工序相關的科學原理和基礎知識。[67] 當時與建訓局合作的工業學院包括黃克競、觀塘及摩理臣山等院校。建訓局的課程以切合工地實際情況為主，並以介紹各種先進技術及使用器械等理論為輔，成功推出有別於以往工業學校提供的建造業培訓課程。[68]

↗　建訓局參與勞工處舉辦的職業展覽會

　　除了一年制基本工藝課程外，建訓局早年亦針對業界成年在職工人的訓練需求而舉辦短期課程。鑒於建造業缺乏接受正規訓練的技工，工人因操作機械而引致的意外頻生。有見及此，建訓局於 1979 年增設鋼筋屈紮工、平水繩墨工及建造機械操作工的短期工藝訓練課程。[69] 在政府批准及支持下，建訓局租用了九龍灣一幅土地興建臨時訓練場，提供 80 個培訓名額。[70] 短期課程每年舉辦次數不等，視乎所授技能的要求和所需時間而定。[71]

↘　建造機械操作短期課程

↗　鋼筋屈紮短期課程學員將混凝土地基鋼筋放置就位

未成年學員到工地實習

　　1976 年，政府實施《學徒制度條例》，規定年滿 19 歲者才能在地盤工作，而年介 14 至 18 歲者則可申請成為青年學徒，在實習期間進入地盤實習。[72] 建訓局在初期已與承建商達成合作計劃，安排學員到工地實習。[73] 當時勞工處的學徒事務組負責監督僱主和訓練院校是否遵從相關條例，在建訓局接受訓練的學員因此受到條例保障。未達 19 歲的學員在出外實習前需要簽訂一份俗稱「賣身契」的學徒訓練合約，合約列明工資、合約期限，未成年的學員甚至還需要家長簽署作實。[74] 自此，學員進入工地實習受到規管，昔日學徒在沒有明確指導下工作以致意外頻生的情況逐漸得到改善；僱主受到條例責任所約束，亦會更為注意學徒的工作安全，讓學徒能夠在工地順利完成實習。

↗　1980 年代初的學徒訓練期滿證明書（司徒拔先生提供）

實戰與理論兼備的課程

　　建訓局的學員日間在訓練中心跟中心導師學習工藝後，有半天時間會到工業學院上理論課程。理論課程內容側重工藝背後的科學知識及原理。早年建訓局學員在吸收理論方面的能力普遍稍遜，因為他們大多欠缺工程相關的科學知識，加上中心的工藝導師在初期都只着重工藝傳承，並不擅解釋箇中原理。當時理論課的導師需要長時間備課，探究學員的不足之處，從而引導他們將知識應用於實際工藝上。建訓局為了進一步增進導師對建造技術理論的認知，甚至也會安排他們到工業學院去上理論課，以學習如何回應學員在訓練中心受訓時的提問。[75]

1980 年，建訓局增辦全新的一年制技術員學徒訓練課程（即管工課程），同樣提供 80 個培訓名額。[76] 從香港訓練局的土木工程及建築訓練委員會的調查報告顯示，其時建造業每年需要訓練近 500 名建造技術員才能滿足市場需求；不過建造業界聯同工業學院所訓練的人員數目遠遠未達要求。由於技術員的嚴重短缺，建訓局因應市場需求開辦專為培訓此職位的課程。[77] 技術員學徒訓練課程是專為有意經學徒訓練成為建造技術員的人士而設，

↘ 技術員學徒接受按圖核對工程的訓練

要求必須具有中五程度的學生才能報讀。首年在訓練中心接受實際訓練後，學員須以學徒身份在地盤工作滿三年，並以部分時間給假制的形式修讀工業學院課程，方能獲取技術員結業證書。[78] 建造技術員當年在行內擔任重要的工作，與今天技術員所涵蓋的工作範疇不同，當時的技術員實際上是地盤管工，在行內屬中層管理人員，他們不僅需要了解各項建造技術，還需要在建築師、設計師與基層工人之間扮演聯絡和協調，配合施工計劃。[79]

學科資源分配

建訓局需要按各科的訓練規模着手規劃每科在訓練中心佔用的空間面積。[80] 根據市場需求和學員選科的意向，傳統的三行科目如泥水和木工課程報讀人數最多，此兩科工場因而佔用了早年九龍灣訓練中心接近一半的面積。[81] 另外，機械操作、紮鐵、平水繩墨等課程因工種性質需要佔用較大空間提供訓練，因而安排在九龍灣臨時訓練場上課。[82] 至於搭棚、石工等科目，或因市場的人手需求較少，或因學員擔心工種的危險性而卻步，致使收生不足。當時招募學員組的職員需努力游說原本報讀熱門科目的候補生轉讀較少人報讀的課程。在中心主任和經理妥善協調不同科目的資源下，大致能夠平衡各科所需，作出令各方滿意的安排。[83]

↘　水喉科學員學習將水管紋牙　　↘　泥水科學員上課情境

↗　粗細木工科學員使用機械實習

亦師亦友的師生關係

　　九龍灣訓練中心首位中心主任劉江成先生對學員要求甚高，尤其着重守時觀念。他訂明若學員遲到超過六次，就會取消就讀資格。他亦以身作則，每天都比學員更早回到中心，並站在中心大門與上課的學員打招呼。然而，在鐵面無私的背後，劉主任待學員猶如子女，經常與學員打成一片，在師生比賽中更為學員打氣，因而甚得學員的尊敬和愛戴。此外，為了提升建造業的行業形象，劉主任特意從英國訂購一批新式機器，並安排導師率先學習使用，目的是讓學員能夠學習正規和先進的建造技術，好好裝備自我。[84]

↗　建訓局的師生關係融洽，彼此相處猶如家人，部分學生即使畢業多年，亦與恩師保持聯繫

小結

建造業訓練局的成立標誌香港的建造培訓從傳統的師徒制轉向系統的學院制訓練。從制度構想、推動立法、組織人員到興建訓練中心、招聘導師及招募學員，整個過程只花費了數年的時間，反映出建築業界對成立專門訓練機構的殷切需求與決心。隨着九龍灣建造業訓練中心於 1977 年落成啟用，業界主要工種的全日制訓練課程相繼推出，建訓局的運作漸上軌道，自此肩負起為香港培訓建造人才的使命。由成立初期至 2008 年歸併於議會前的三十多年間，超逾四分一個世紀，建訓局一直配合香港建造業的高低起伏，向前拓展，推陳出新，為業界培育了過百萬的專業人才。

第三章

建 業 成 材

從 建 造 業 訓 練 局 到 建 造 業 議 會

3.1

香港經濟與建造業的發展

　　香港的地產市場自 1970 年代中後期開始蓬勃發展，至 1981 年中達到巔峰。不過，隨着地產市場過熱，加上世界經濟衰退，以及香港前途問題於 1982 年表面化等因素的出現，觸發地產市道崩潰，經濟亦大受打擊。[1] 建造業所佔香港的總生產總值從 1982 年的 7.1% 下滑至 1985 年的 4.8%。[2]

　　1985 年 5 月 27 日，中英兩國經歷兩年多的談判而簽訂的《中英聯合聲明》正式生效，使困擾多時的新界土地租約問題明朗化。[3] 隨着中國改革開放發展日益擴大，進一步鞏固香港作為亞太區國際金融中心及國際資本進軍中國市場的橋頭堡地位，刺激外商到港投資和設立辦事處，對寫字樓和住宅的需求上升。1986 年至 1988 年間，香港本地總產值平均每年實際增長率超過 10%，令市民置業的欲望和能力也大大提升。另外，政府在 1987 年 4 月發表《長遠房屋策略說明書》，並於 1988 年成立自負盈虧的法定機構「土地發展公司」（市區重建局的前身），也促進了各類基建工程的發展。[4]

　　為加強香港航空能力和穩定市民對未來的信心，政府於 1989 年 10 月宣布推出以新機場為核心的大型基建計劃——「香港機場核心計劃」。這項涉資 1,500 多億港元的計劃引發中英雙方角力，至 1991 年 9 月，雙方才達至共識，解決爭議。[5] 計劃落實後，香港疲弱的經濟隨即轉強，1991 年至 1994 年間地產市道再度進入升浪。除了辦公室和商廈外，大中型住宅的需求亦增加。1995 年至 1997 年間，香港經濟表現理想，趨向明朗的香港政制前景吸引海外及中資資金投入。[6] 隨着香港經濟騰飛，建造業所佔香港的生產總值從 1986 年的 4.7% 上升至 1997 年的 5.5%。[7]

↗　1988 年興建中的東區海底隧道（香港政府新聞處）

↘　1994 年興建中的青馬大橋（香港政府新聞處）

↗　1990 年代初，香港國際機場建築工程正
　　全速進行（香港機場管理局）

　　1997 年 7 月 1 日，香港回歸中國，香港特別行政區成立，首任行政長官董建華宣布計劃每年供應不少於 85,000 個住宅單位，以解決香港住屋供不應求的問題。可是同年 10 月爆發的亞洲金融風暴，令香港經濟陷入戰後以來最嚴重的衰退，百業備受打擊。當中建造業更成為失業率持續高企的行業，「八萬五計劃」也因而被擱置。[8] 金融風暴過後樓市進入長達六年的跌市週期，直至 2003 年「沙士」疫症爆發後才告見底。[9] 為了穩定物業市場價格，政府在 2002 年 11 月宣布停止興建和出售資助房屋，又在 2005 年 9 月停止出售公屋，只維持為低收入家庭提供租住公屋的服務。在金融風暴和「沙士」疫症的雙重影響下，建造業在 1999 年至 2006 年的內需放緩，不少工人為謀生而轉業，導致人手大量流失。[10] 建造業所佔香港的生產總值從 1998 年的 5.7% 下降至 2006 年的 2.7%。[11]

　　2008 年 9 月爆發全球金融危機，香港經濟受外圍環境拖累，本地生產總值於 2008 年全年合計實質增長率急跌至只有 2.5%，外部和內部需求轉弱，整體失業率至年底大幅攀升至 4.1%。[12] 至 2009 年，香港建造業陷入低谷，整個業界正面臨成本上漲及人手流失的挑戰，威脅建造業未來的前景。

　　時任行政長官曾蔭權於 2007 至 2008 年度的《施政報告》提倡的「十大建設計劃」（簡稱「十大基建」）及建造業議會的成立是香港建造業的重要里程碑，為建造業的發展帶來新機遇。十大基建共分成三大範疇，分別為交通基建、跨界基建及都市新發展區，並成立發展局以妥善統籌各項大型基建工程。[13] 十大基建其後成為香港建造業持續增長的主要動力，相關的基建工程陸續展開，例如建築地盤數量從 2009 年 3 月的 970 個 [14] 增加至 2014 年 12 月的 1,261 個。[15] 另一方面，香港地盤工人的職位空缺總數亦隨之增加，從 2009 年 3 月的 3 個空缺 [16] 增加至 2014 年 12 月的 846 個。[17] 這反映出建造業出現工人短缺及青黃不接的現象，必須積極培訓人才，開拓更多的人力資源。[18]

　　2013 至 2014 年度立法年度開始，立法會有議員以拖延各項議事程序（俗稱「拉布」）癱瘓財務委員會（財委會）及其轄下的工務小組會議，因而令許多工務工程和撥款審批受到拖累。[19] 拉布除了令工程延遲展開外，也影響到新工程項目撥款，令工程項目成本不斷增加。[20] 拉布為建造業的發展帶來阻礙，不少建築工人面臨失業或財政困難，最終引致人才流失，同時減少了修讀建造相關專業的年輕人的就業機會。[21] 因此，政府分別成立工務工程成本管理專責小組和項目

↗　2001 年興建中的西鐵天水圍站（香港政府新聞處）

成本管理辦事處，研究工程成本上升的原因和制定措施改善建造業的成本控制和項目管理。[22]

　　時至今日，建造業仍是香港經濟的主要支柱之一，在 2018 年佔香港本地生產總值 4.5%。[23] 隨着新樓宇和基建工程帶動建造業蓬勃發展，建造業就業人數亦持續上升，至 2020 年第二季的人數為 302,100 人。[24] 建造業暢旺亦可見於建築地盤數目的顯著增長。截至 2020 年 6 月，香港有 1,659 個建築地盤，總升幅較 2008 年 6 月增加 63.6%。[25] 2020 年 9 月，議會預測在 2020/21 至 2024/25 財政年度，香港每年的整體建造工程開支將達 2,250 至 2,900 億港元。[26]

↗　2015 年興建中的港珠澳大橋（香港政府新聞處）

↘　2016 年港鐵沙田至中環線的連接點──
何文田站外觀（香港政府新聞處）

↗　2018 年廣深港高速鐵路（香港段）西九
龍站外觀（香港政府新聞處）

1976－2018 年生產總值 [27]

建造業所佔香港生產總值的百分比（以當時要素成本計算）

3.2
建造業訓練局的組織架構

組織架構的變遷

　　為配合香港社會對建造培訓的需求，自 1975 年成立以來，建訓局歷年來在組織架構等方面作出了一些改變。因應 1991 年的《工業訓練（建造業）條例》修訂草案及 2004 年的《2004 年建造業徵款（雜項修訂）條例》，成員人數及符合獲提名出任成員的團體名單均作出了相應調整，並一直沿用至 2008 年歸併於建造業議會前。委任權方面，香港回歸後全體委員從原先由港督委任，轉由香港特別行政區行政長官委任。[28]

　　為了加強策劃及行政功能，建訓局於 1987 年 10 月增設總幹事一職，負責有效執行建訓局的政策、實現局方釐定的訓練目標及協調不同訓練中心的資源分配等。[29]

　　為了有效管理轄下三所訓練中心，建訓局於 1991 年重組中心的行政架構。1994 年，建訓局增聘了一名助理總監，協助行政總監（原總幹事）指導各間訓練中心、管理培訓及測試中心，以及學員招募及就業輔導等工作。

　　1998 年，建訓局將招募及輔導部分拆，設立了公共關係並學員招募部及人事並學員就業輔導部。[30] 為了更有效率地管理人力資源，建訓局於 2003 年初設立人力資源部，而原有的人事並學員就業輔導部則改組成學員就業輔導部，專注為建訓局結業生提供就業輔導服務。[31]

建造業訓練局組織成員演變 [32]

推薦團體／人	1975	1991	1997	2004
香港建造商會	2	2	2	2
土木工程及建築訓練委員會	2	2	2	-
香港建築師學會	1	1	1	1
皇家特許測量師學會（香港分會）	1	1	-	-
結構工程師學會（香港分會）	1	-	-	-
香港工程師學會	1	1	1	-
建造業工人	1	1	1	-
業外人士	1	1	1	1
公務員	4	2	2	2
職業訓練局總幹事（2004 年易名執行幹事）	-	1	1	1
香港工程師學會結構工程科	-	1	1	1
香港測量師學會	-	-	1	1
香港機電工程商聯會有限公司	-	-	-	1
香港工程師學會所提名的土木工程師	-	-	-	1
建造業工人職工會（必須是幹事）	-	-	-	1
建造業機電工程工人職工會（必須是幹事）	-	-	-	1
總人數	14	13	13	13

隨着 1999 年通過的《工業訓練（建造業）條例》修訂草案，建訓局的新增職責，需負責評核涉及建造業或與其相關種類工作從業員的技術水平，並提供相關的考核或測試、發出或頒發有關技術水平的證明書。[33] 另外，2004 年通過的《建造業工人註冊條例》委任了建訓局為建造業工人註冊主任，負責執行註冊主任的職能。[34]

自 1975 年起至 2008 年歸併於建造業議會前，建訓局一共有六任主席，包括首任主席黃天送先生、第二任主席葉謀遵博士（1975 年接任）、[35] 第三任主席陸孝佩先生（1987 年 9 月接任）、[36] 第四任主席陳家駒先生（1993 年 9 月接任）、[37] 第五任主席黃永灝先生（2001 年 9 月接任），[38] 以及第六任主席關治平先生（2003 年 9 月接任）。[39]

建訓局委員會的變動

建訓局轄下用以協助其執行各項職能的委員會及數目，一直以來隨着發展方向及工作目標而有所增減。1982 年，建訓局一共設有八個委員會，分別為財務委員會、徵收稅評估反對事宜委員會、條例闡釋委員會、職員編制委員會、訓練課程及設施委員會、建築及發展委員會、訓練稅調查委員會和學員招募及就業安排委員會。[40] 1989 年，建訓局就委員會的組合作出變更，委員會包括訓練課程及設施委員會、學員招募及就業安排委員會、建造經理訓練特別委員會、建築及發展委員會、職員編制委員會、財務委員會和行政組織改組特別委員會。[41]

為提高委員會的效率，建訓局在 1990 年把訓練課程及設施委員會和學員招募及就業安排委員會合併成訓練課程及學員招募委員會；[42] 而於 1993 年設立的工藝測試委員會，則旨在監察建訓局日漸繁重的工藝測試及資歷證明工作，並確保為有關工藝作出適量的測試。[43]

香港回歸後，建訓局在 1998 年 1 月應特區政府要求為建造業半熟練工人舉辦中級工藝測試，目的是要確定工人技術水平，令工程質素更標準化。為此，建訓局成立中級工藝測試委員會，負責相關事宜。[44] 1999 年，中級工藝測試委員會與工藝測試委員會合併以提高與測試相關工作的效率。[45]

↘　1979 年的建造業訓練局委員

↗　1996 年建造訓練國際研討會一幕

3.3
建造業訓練局歸併於建造業議會

建造業議會的成立與架構

　　2000 年 4 月，時任行政長官董建華委派行政會議成員唐英年議員出任建造業檢討委員會（建檢會）主席，對香港建造業作出全面檢討。2001 年 1 月，建檢會向特首提交《建業圖新——建造業檢討委員會報告書》，就當時香港建造業面對的情況，在多方面提出了 109 項改善措施，以期提高建造業的質素和成本效益。報告書建議「成立一個法定的業界統籌機構，就影響業界的策略性事項進行討論，並就這些事項達成共識，及向政府反映業界的需求和期望」，以解決業界壁壘分明、各自為政、管理比較鬆散，充斥着欠薪和安全等問題。[46]

　　2001 年 9 月，臨時建造業統籌委員會成立，為日後成立建造業議會鋪路。[47] 2006 年 5 月 24 日立法會通過《建造業議會條例》，並於同年 12 月正式刊憲。2007 年 1 月，立法會經先訂立後審議的程序通過條例，建造業議會於 2007 年 2 月 1 日正式成立。[48]

　　議會由主席和 24 位成員組成。[49]據《建造業議會條例》委任的成員，來自代表建造業內各界別的人士，包括聘用人、專業人士、學者、承建商、分包商、工

↖　時任行政長官董建華委任的建造業檢討委員會於 2001 年發表《建業圖新——建造業檢討委員會報告書》

人、獨立人士和政府官員。[50] 委任成員的任期由當時的環境運輸及工務局（現為發展局）局長決定，但不得超逾三年，任期屆滿後可再獲委任，但不可連續擔任委任成員超過六年。[51] 2019 年則規定，每屆議會的任期一般為兩年，主席及各成員可服務議會連續不超過六年。[52] 2007 年，建造業議會主席由簡基富先生出任；[53] 2010 年由李承仕先生接任 [54]；[55] 而陳家駒先生則於 2016 年接任。[56]

建造業議會組織架構

議會成員構成	人員[57]
發展局局長委任主席	1
發展局局長委任公職人員	3
代表聘用人的人士	4
代表建造業相關的專業或顧問的人士	4
代表建造業承建商、分包商、材料供應商或設備供應商的人士	5
建造業相關的訓練機構或學術或研究機構的人士	2
代表受僱於建造業的工人且根據《職工會條例》（第 332 章）登記的職工會的人士	3
發展局局長認為適合擔任議會成員的其他人士	3
總數	25

　　成立初期，議會主要的職能是就長遠的策略性事宜與業界達成共識，並提供合適的溝通渠道讓政府徵詢業界意見，以及推動整個行業作出改善。[58] 發展至今，據《建造業議會條例》，議會的主要職能及補充職能列示如下：[59]

主要職能	
（a）	就可能影響建造業或與建造業相關的策略性事宜、重大政策及立法倡議，以及就建造業所關注的事宜，向政府提供意見及作出建議
（b）	向政府反映建造業的需要及期許
（c）	促進建造業的持續發展及進步，藉以提升建造業的質素及競爭力
（d）	促進自律規管、制定操守守則及執行該等守則，藉以維護建造業的專業精神及持正
（e）	通過設立或管理註冊計劃或評級計劃，改善與建造業有關連的人士的表現
（f）	透過策劃、推廣、監管、提供或統籌訓練課程或計劃，增進建造業從業員的技術
（g）	鼓勵研究活動及創新技術的應用，以及設立適用於建造業的標準或促進該等標準的設立
（h）	在解決爭議、環境保護、多層分判、職業安全及健康、採購方法、項目管理及監管、符合可持續原則的建造及有助改善建造質素的其他範疇方面，推廣建造業良好作業方式
（i）	透過促進和諧勞資關係及提倡遵守關乎僱傭的法例規定，以及透過增進建造業內各界別之間的溝通，增強建造業的凝聚力
（j）	發揮資源中心功能以供建造業同業分享知識及經驗

（續上表）

（k）	透過製訂表現指標，評核建造業達致的進步
（l）	根據本條例徵收的徵款率作出建議
（la）	進行或資助關乎職業安全及健康、環境保護或建造業可持續發展的教育、宣傳、研究或其他計劃
（m）	執行對建造業屬相干的其他職能，包括本條例、《建造業工人註冊條例》（第 583 章）或任何其他成文法則賦予或委予議會的職能，或根據本條例、《建造業工人註冊條例》（第 583 章）或任何其他成文法則賦予或委予議會的職能

補充職能

· 　向建造業提供訓練課程
· 　為建造業設立及維持業界訓練中心
· 　協助已完成向建造業提供的訓練課程的人就業，包括以提供財政援助的方式給予協助
· 　評核任何人在涉及建造業或與建造業相關的任何種類的工作方面已達致的技術水平，並就任何該等工作舉行考核及測試、發出或頒發修業證明書或技術水平證明書和訂定須達致的水平

　　建造業議會成立之初設有七個委員會，覆蓋層面甚廣，各有不同職能。行政及財務委員會處理議會行政及財政事宜；工地安全委員會推廣改善和提升業界的安全水平；環境及技術委員會推動業界環保；人力培訓及發展委員會處理人力研究事宜；採購委員會推廣業界良好的採購方式；工程分判委員會營運及發展非強制性分包商註冊制度；[60] 以及處理反對事宜委員會負責處理反對徵款及附加費之個案。[61] 隨着議會的擴展，委員會的數目也逐漸增加，至 2020 年，議會設有以下專責委員會和委員會：審核專責委員會、建築信息模擬上訴委員會、建築信息模擬認可及認證委員會、建築信息模擬專責委員會、建造業營商專責委員會、建造安全專責委員會、環境專責委員會、生產力專責委員會、註冊專門行業承造商制度專責委員會、建造業運動及義工計劃委員會、建造業訓練委員會、建造業創新及科技應用中心、建造業工人註冊委員會、執行委員會、處理反對事宜委員會，以及零碳天地。[62]

↗　建造業議會標誌

歸併事宜

　　《建造業議會條例》訂有將建造業訓練局歸併於建造業議會的條文,但鑒於歸併涉及大量籌備工作,故此並沒有在議會成立之初同步推行。建訓局在 2008 年 1 月 1 日正式歸併於議會。[63]

　　在歸併後,議會設立建造業訓練委員會,負責管轄新成立的建造業議會訓練學院,取代原來建訓局的名稱及職能,以提供培訓及工藝測試服務,並以同樣的條款繼續僱用前建訓局的員工。[64]

　　議會的職責範圍覆蓋層面變得更為全面,使香港建造業在一個統一機構的領導下,達至可持續發展。除了培訓人才以外,議會亦負責統籌一切有關香港建造業界的事宜,作為建造業界的舵手,帶領整個行業向前邁進。[65]

↗　議會成立後,以建造業議會訓練學院(CICTA)名義,
　　繼續提供培訓及工藝測試等服務

香港建造學院的成立

　　建造業議會致力吸納有志加入建造行業的年青人，以滿足短至中期的建造人力需求。除了教授各工種的基本理論知識外，議會亦希望為前線工友引進創新科技的培訓，以配合建造業界未來的發展方向。2016 年 3 月，議會聘請卓佳管理諮詢有限公司檢討當前的培訓工作。檢討建議不但提倡全面重組議會旗下的培訓及發展部門，引入強化培訓課程，更特別建議成立香港建造學院作為優質建造培訓的象徵，以整合培訓資源。[66]

　　2018 年 10 月，香港建造學院舉行開幕典禮，宣布正式成立。建造學院是建造業議會轄下的機構成員，提供以全人教育和建造工地作業模式為基礎的建造業技術及管理培訓。[67] 學院的成立是協助建造業從業員提升地位及勾劃清晰的晉升階梯，同時透過資歷架構認可的課程，讓學員接受職業專才訓練，並可取得與香港教育制度接軌的資歷。[68]

3.4

訓練收支

徵款收入

　　建訓局成立初期，訓練稅的徵款率定為 0.25%。1981 年，政府修改《工業訓練（建造業）條例》，授權建訓局可自行修訂承造商或獲授權人士用以填報工程開工、竣工及中期付款時所有的表格，從而識別是否有低報建造工程價值以避過訓練稅的情況。[69] 1985 年，該《條例》規定於 1985 年 6 月 1 日或以後施工而價值不超過 100 萬港元的建造工程無需繳付訓練稅，豁免上限從原本的 25 萬港元大幅提升，而徵款率則維持在 0.25%。[70]

　　為了簡化組織結構以提高決策效率，建訓局在 1987 年將訓練稅調查委員

會、訓練稅評估及徵收檢討委員會及條例闡釋委員會合併為訓練稅委員會，負責這三個委員會的所有職責。[71] 1994 年訓練稅委員會下設永久性工作小組，定期檢討《工業訓練（建造業）條例》內有關豁免訓練稅的條款。[72]

1999 年，訓練稅委員會改名為徵款委員會；[73] 同年 12 月，立法會通過了提高根據《工業訓練（建造業）條例》徵收的建造業徵款的徵款率（前稱訓練稅），由 0.25% 增加至 0.4%。[74] 2004 年 3 月，立法會通過《2004 年建造業徵款（雜項修訂）條例》，賦予建訓局權力向機電工程徵款以提供與建造業相關的機電訓練及測試。條例修訂後，建訓局可向機電修葺、修理及保養工程等徵收 0.4% 的徵款。[75] 2005 年 2 月，建訓局獲建造業工人註冊管理局正式委任為註冊主任，同時獲授權代建造業工人註冊管理局評估及按 0.03% 徵款率徵收款項。[76]

2012 年，徵款率上調至 0.5%，豁免上限維持在 100 萬元。[77] 建造業工人註冊管理局在 2013 年 1 月 1 日歸併於議會，負責接管前者的所有責任和權力。因此根據《建造業工人註冊條例》，議會向所有總價值超過 100 萬港元的工程徵收徵款，徵款率為 0.03%。[78] 2018 年，豁免徵款工程總值上調至 300 萬港元，而徵款率則維持不變。[79]

徵款是建訓局及議會收入的主要來源，每年收得徵款的多寡可反映出當時香港建造業，甚至整體經濟的情況。1982 年，地產市道崩跌，建造工程總支出減少，建訓局徵款收入從 1984 年至 1986 年持續下滑。[80] 1987 年起，香港經濟復蘇，帶動了市民對不同類型房屋的需求，公私營的工程和政府的基建工程亦陸續展開，至 1998 年，建訓局當年收得的徵款大幅攀升至 2.5 億港元。[81] 不過，1997 年的亞洲金融風暴令香港經濟陷入衰退，公私營工程減少，徵款也逐年下降。[82] 2000 年起，得益於徵款稅率提高至 0.4%，徵款於 2002 年上升至 2.64 億港元。[83] 2003 年「沙士」疫症後，香港經濟再度轉差，建訓局的徵款收入至 2006 年一直持續下降。[84]

自 2007 年起，徵款逐年上升，而在 2010 年以後，隨着十大基建陸續上馬，加上私營工程的建設項目的長足發展，2014 年起徵款收入屢創新高，至 2017 年達至約 13.19 億港元；[85] 2019 年徵款收入則為 11 億港元。[86]

訓練開支

　　建訓局的開支主要用於職員費用、訓練支出及工場支出等，這些費用隨着建訓局的擴展而日益提高。1983 年，建訓局營運九龍灣及葵涌兩所訓練中心，全年總訓練支出約為 866 萬港元；至 1989 年香港仔訓練中心啟用，訓練開支增加至約 1,590 萬港元。[87] 1996 年，上水訓練中心落成，訓練支出則約為 4,520 萬港元。[88]

　　1998 年至 2002 年間，建訓局獲得政府的資助以推行中級工藝測試及增加訓練課程。由於建訓局會給予全日制及建造業管工／技術員訓練課程學員津貼，同時亦會根據課程需求提供安全裝備、制服等，因此訓練支出也會隨課程數量上升，[89] 由 1998 年的 8,396 萬港元上升至 2000 年的 1.08 億港元。[90]

　　2003 年至 2006 年間，因應「沙士」疫症的影響，建訓局推行開源節流措施，訓練支出相應下調。2003 年，訓練支出下降至 5,869 萬港元；到 2006 年更降至 2,659 萬港元。[91]

　　2007 年至 2011 年間，政府推行十大基建計劃，議會的訓練費每年持續增長。2012 年，由於增加了在政府「投資建造業人力」計劃措施下為特選工種和現有課程的學員津貼，以及「承建商合作培訓計劃」及「分包商合作培訓計劃」的支出，因此訓練支出於 2013 年達到 1.33 億港元，較 2009 年的 3,389 萬港元急升四倍。[92] 2016 年 9 月起，議會調高人手短缺工種的培訓津貼，亦增加了合作培訓計劃的學員津貼和培訓導師補貼，令訓練支出於 2017 年上升至超越 3 億港元；[93] 2019 年的訓練支出則為 2.49 億港元。

訓練中心的擴展

九龍灣訓練中心 / 九龍灣院校

　　九龍灣訓練中心於 1977 年落成啟用，鑒於學員人數日漸增加，中心的訓練及康樂設施逐漸不敷應用；建訓局於 1990 年代初推行了兩次擴建工程。[94] 第一次擴建工程於 1993 年竣工，為訓練中心新增約 2,800 平方公尺的場地，用作改善中心訓練工場及演講設施。[95] 整個訓練中心的工場增至 14 間，總樓面面積為 12,089 平方公尺，另有 3,860 平方公尺的空地。[96] 第二次擴建工程於 1995 年 8 月完成，提供約 2,800 平方公尺的額外場地，用以改善訓練工場及演講室的設施。[97]

　　早於 1979 年，建訓局向政府暫借了一幅位於九龍灣填海區約 2,500 平方公尺的土地作為臨時工地，以訓練短期班機械操作工、鋼筋屈紮工及平水繩墨工之用。[98] 工地租約於 1982 年到期，於是建訓局向政府暫借位於啟業街附近，面積約 2,400 平方公尺的土地繼續提供訓練課程。[99] 1985 年，建訓局向政府租借了一幅位於九龍灣平山的土地，面積約 6,100 平方公尺，為機械操作、模板、平水繩墨及鋼筋屈紮課程提供實習場地。[100]

　　為了擴充機械操作課程的名額，建訓局在 1992 年 11 月成功向政府租借了一幅約 25,000 平方公尺，位於牛池灣的土地。這片土地與平山的土地均由九龍灣訓練中心負責管理。[101] 1997 年 10 月，政府將一幅沙田的土地以短期租約批予建訓局，以取代牛池灣訓練場。[102] 1998 年 8 月，政府撥出一塊位於偉業街，約 2,170 平方公尺的土地予建訓局作訓練場，與平山訓練場一同為建訓局的機械操作課程和短期課程提供實習場地。[103] 雖然政府在 2001 年收回平山訓練場的土地以發展公屋，但同年 3 月及 5 月又分別將位於常悅道和偉樂街合共 27,500 平方公尺的土地，以短期租約形式批予建訓局使用。[104] 2011 年，設於常悅道訓練場的設施遷往其他場地。[105]

　　2015 年，九龍灣的訓練場完成設施翻新工程；而位於九龍灣啟福道的訓練場正式啟用，主要用作水喉、泥水粉飾和棚架工種的訓練場地。此外，議會亦與勞工處合作，在九龍灣訓練中心增設建造業招聘中心。[106] 2018 年，隨着香港建造學院的成立，九龍灣訓練中心更名為九龍灣院校，並於 2020 年進一步翻新及提升設施；翻新後的九龍灣院校主要用於開辦全日制高等文憑及建造專業發展中心院校開辦的兼讀制課程，並設立學習資源中心，利用先進科技、設備和學習資源，讓學生獲得建造業的最新資訊。[107]

↗　　1990 年代的平山訓練場

↘　1979 年的九龍灣訓練場

↗　偉業街訓練場

葵涌訓練中心／葵涌院校

　　1970 年代，香港建造業發展蓬勃，熟練工人供不應求。建訓局於 1980 年撥出 3,000 萬港元興建第二個訓練中心，最終獲政府撥出位於葵涌的一塊土地發展該訓練場。1981 年 12 月 22 日，時任布政司夏鼎基爵士為葵涌訓練中心主持奠基典禮；[108] 中心在 1982 年 9 月竣工，並由時任港督尤德爵士在 1982 年 11 月 25 日主持揭幕典禮。[109]

　　葵涌訓練中心樓高九層，有 21 間工場，佔地約 4,146 平方公尺，樓層總面積 13,500 平方公尺，提供包括八項主要建築工藝的基本課程，分別為泥水全科、粗細木工科、髹漆粉飾及寫招牌字科、管道及潔具裝配科、搭竹棚科、雲石鑲嵌及石工科、機械維修科和電器裝置科；技術員學徒訓練課程以及短期平水繩墨課程。[110] 葵涌訓練中心在啟用後提供的課程逐漸增加，包括 1983 年利用備用場地開辦安全主任課程，天台則用作模板製作實習場地；[111] 以及於 1984 年開辦木工及水喉科晚間深造課程等。[112]

↗　時任布政司夏鼎基爵士為葵涌訓練中心主持奠基典禮

↗　時任港督尤德爵士為葵涌訓練中心主持揭幕儀式

↘　1982 年落成時的葵涌訓練中心

↗　晚間工藝深造課程上課情況

　　為了提供更多空間予學員作實習之用，葵涌訓練中心加建實習樓，工程在1989 年 11 月竣工，增加了 1,800 平方公尺的場地。[113] 其後，由於建訓局擴大訓練活動，儘管葵涌訓練中心的工場數目於 1997 年增加至 22 個，中心的訓練設施仍不敷應用，建訓局遂於 1997 年決定將中心所有實習工場改為全天候工場，至 2000 年 1 月底竣工。[114] 此外，政府於 1996 年 6 月撥給建訓局一幅位於屯門，約 12,000 平方公尺的土地用作機械操作短期課程、混凝土工班等的實習場地，有關場地由葵涌訓練中心管理。[115]

　　2017 年，議會計劃在葵涌訓練中心打造「安全體驗訓練中心」，在面積約280 平方公尺的設施內，利用虛擬技術，讓使用者體驗工地意外，加強學員對工地安全措施的重視。2018 年，隨着香港建造學院的成立，葵涌訓練中心更名為葵涌院校。2019 年 2 月，安全體驗訓練中心正式開幕啟用。[116] 議會銳意將葵涌院校打造成建造業的「安全樞紐」，主責提供建造業的安全訓練及短期課程。因此，機電測試中心由葵涌院校遷移至香港建造業工藝測試中心，空地被用作屋宇裝備短期課程的場地。[117]

↗　　2001 年的屯門訓練場

香港仔訓練中心／管理培訓及工藝測試中心／
香港建造業工藝測試中心

　　建訓局成立初期，鑒於原有的兩所訓練中心所提供的訓練學額仍無法補足需求甚殷的熟練工人，早於 1982 年已決定在香港仔興建第三所訓練中心。惟其時香港經濟因中英談判香港前途問題而陷入衰退，建築工程大減，興建計劃暫時擱置。1985 年，香港的經濟和建造業有明顯的復蘇跡象，建訓局預料市場對人手需求日增，遂重啟香港仔訓練中心興建計劃。[118] 1987 年 3 月 17 日，時任署理港督鍾逸傑爵士主持奠基儀式；[119] 1989 年 9 月，時任港督衞奕信勳爵主持新訓練中心的開幕典禮。[120]

　　香港仔訓練中心面積佔 14,315 平方公尺，設有 15 個工場，中心的設立可應付為基本工藝課程及管工訓練課程所增添的學額。[121] 此外，中心亦提供包括鋼筋屈紮、平水繩墨、木模板、批盪及砌磚等短期課程。[122] 因應建造業邁向機械化，中心亦開設機械維修課程，並提供新的日間部分時間制窗戶安裝課程等。[123] 踏入 1990 年代，香港社會經濟迅速發展，基建工程及私人發展計劃愈趨緊密、複雜及優質。高科技建造方法及先進機械的使用也日益廣泛，行業對受過專業訓

↗　剛落成時的香港仔訓練中心

↗　香港仔訓練中心於 1995 年進行翻新工程

練的管理人員需求大增。有見及此，建訓局於 1993 年決定將香港仔訓練中心改
為一所管理訓練及工藝測試中心，以提供高層次的管理及監工課程，應對建造業
的新需求。[124]

　　1995 年初，改建工程完成後，中心正名為管理培訓及工藝測試中心，設
有 17 間訓練工場，總樓面面積 15,135 平方公尺。除開辦多項兼讀的訓練課程
外，中心亦為建造業技工提供多項工藝測試，及為機械操作員如吊船和工地升降

機操作員等進行資歷證明測試。[125] 此外，中心亦負責管理於 1992 年 9 月設立的上環辦事處。[126] 這個面積約 200 平方公尺的辦公室除為建造業管理及安全方面的兼讀課程提供課室外，並為委員會召開會議時提供場地。[127]

　　隨着行業對管理培訓中心開辦的課程需求大幅增加，香港仔訓練大樓部分樓層改建為辦公室及額外的課室，翻新工程在 1996 年 9 月完成。[128] 1997 年，管理培訓及工藝測試中心設有管理培訓中心、工藝測試中心及新成立的安全訓練中心，分別負責提供多項持續進修課程、工藝測試和安全訓練課程。[129]

　　2015 年，中心內的訓練場完成設施翻新工程，而整個中心翻新工程亦於翌年完成。[130] 中心於 2016 年成立少數族裔服務隊伍及婦女展能服務隊伍，目的是希望透過宣傳及教育工作，鼓勵更多少數族裔人士及婦女投身建造業。[131]

　　隨着工藝測試的項目已達到一百多個，成為業界一項重要的服務，議會於 2018 年將香港仔大樓正式命名為「香港建造業工藝測試中心」，標誌着工藝測試邁向新的里程。

↗　工藝測試中心內的電子化設備

上水訓練中心／上水院校

為了應付建造業對建造工人的需求，建訓局於 1991 年正式向政府申請在上水興建第四個訓練中心。訓練中心的批地及奠基儀式分別在 1993 年 5 月及 7 月舉行。[132] 1995 年 1 月，上水訓練中心舉行平頂儀式，並於同年 9 月全面啟用。中心樓高八層，當時設有 19 間訓練工場，提供 23,500 平方公尺的訓練場地和超過 1,500 個全日制、兼讀及短期課程的訓練學額。[133] 1996 年 4 月，上水訓練中心舉行開幕典禮，由時任布政司陳方安生擔任主禮嘉賓。[134]

1997 年 10 月，政府將一幅位於沙田的土地以短期租約形式批予建訓局，以取代終止租約的牛池灣訓練場。這幅土地成了建訓局的沙田訓練場，由上水訓練中心管轄。訓練場面積共 21,000 平方公尺，為建造機械操作訓練及其他相關資歷證明測試提供實習及測試場地。[135] 2006 年，上水訓練中心和九龍灣訓練中心主要用於培訓全日制基本工藝課程和建造業監工／技術員課程的學員。[136]

2018 年，隨着香港建造學院的成立，上水訓練中心更名上水院校，並於 2020 年作出全面翻新工程，往後主要負責以技能培訓為主的全日制建造文憑課程、證書課程及部分短期課程，翻新後的上水院校設有學習資源中心、多用途體育場及活動室等。[137]

↗　上水訓練中心開幕典禮

↘ 剛落成時的上水訓練中心

↗ 1990 年代的沙田訓練場

其他擴展工程

為了應對市場對建造業工人的需求，議會成立後持續在全港各區增設及翻新訓練場地。2008 年，議會在天水圍設立一所新的訓練場。[138] 2012 年，政府撥出五幅土地供議會作為訓練場地，包括大埔、兆麟街、通州街、黃龍坑及元崗。[139] 至 2014 年，議會的服務和訓練場地曾高達 18 個，大約是建訓局歸併於議會前的兩倍。[140] 2020 年，香港建造學院的戶外訓練場共有 9 個，分別位於觀塘偉樂街、屯門屯義街、屯門兆麟街、元朗元崗、深水埗通州街、東涌黃龍坑、大埔大華街、天水圍天月路及葵涌達美路。

運動建立團隊精神

早年葵涌訓練中心成立時，隨着職員人數增加，想法也變得百花齊放。為加強同儕之間相互溝通，建訓局特別組織了一支足球隊，讓不同中心的員工一起穿着戰衣，齊心合力在球場上比拼。這支球隊經常南征北討，甚至曾與南華足球會的少年隊比賽，建造業硬漢大戰足球小將，踢得不亦樂乎。大家一起踢過波，吃過飯，時間久了關係也變得融洽，對工作也有莫大幫助。其後在籌備興建第四所訓練中心時，行政總監和各個項目的導師商量各科用地，大家為搞好中心都十分積極，互相協調一切所需。不同中心的導師也會分享彼此的教學和工作心得，有需要時更會分享物資，你好我好。[141]

↗ 1987 年建訓局足球隊與南華足球青年隊
   合照（司徒杰先生提供）

3.6

課程發展

建訓局轄下訓練中心主要提供三類訓練課程，包括全日制一及兩年課程、短期課程及兼讀課程。

建造業訓練局時期的課程發展

全日制課程——基本工藝課程

建訓局成立之初，提供的一年制基本工藝課程共有七項；隨後於 1989 年增至九項，分別為泥水粉飾科、粗細木工科、髹漆粉飾科、水喉潔具科、雲石裝飾科、竹棚工藝科、機械維修科和電器裝置科，以及設金屬工藝科。[142] 1996 年，建訓局推出一項延伸工藝課程予正在等候合適工作或在職訓練機會的應屆基本工藝課程結業生，讓他們在找到工作前掌握多門技巧傍身。[143] 延伸工藝訓練課程項目有四科，分別為泥水粉飾科、粗細木工科、油漆粉飾科和水喉潔具科。[144]

1997 年，建訓局開辦「一專多能」的培訓課程，鼓勵工友在擁有一項專門技術後再接受其他工種的培訓，以增加就業機會。[145] 為了加強學員的體能及團體合作精神，建訓局於 1999 年在基本工藝課程內新增「體訓」課程。[146]

2002 至 2003 年度，建訓局根據 2001 年發表的《建業圖新——建造業檢討委員會報告書》內的建議，對基本工藝課程作出重大修訂，落實將六項基本工藝課程的訓練期由原本的一年改成兩年，並加入工地實習和多個全人訓練元素。[147] 將部分基本工藝課程改成兩年制有眾多考量：其一、當時有很多學員入學時年紀尚輕，未能達到部分工種如紮鐵和釘板對體力的要求；其二、部分工藝需要接受較長時間的訓練才能打好基礎；其三、當時經濟不景，建造工人普遍就業不足，建訓局每年畢業的學員會加劇就業市場供過於求的情況。[148]

↘ 雲石牆面鋪砌訓練　　　　↘ 外牆髹漆訓練

↗ 暗喉安裝訓練　　　　↗ 模板實習

↗　紮鐵練習

　　推行兩年制的課程包括泥水粉飾科、粗細木工科、油漆粉飾科、水喉潔具科、金屬工藝科與雲石裝飾科。這些課程的結構亦從原本專修一項工藝技能,擴展至必須主修一項工藝和副修兩個相關工藝技能,以達致「一專多能」。自 2003 至 2004 年度起,建訓局從香港專業教育學院接手開辦相關理論課,學員可留在中心上課。[149] 除了在不同的訓練階段加入工地實習,以汲取工作經驗外,兩年制課程也加入基本電腦應用、建造行業認識、環境保護、溝通技巧、職業道德及勞工權責等有關業界運作的認識及一般技能的訓練,以促進學員全面發展。[150]

2004 至 2005 年度起，兩年制課程作出一些編排上的修訂，第一年專修主修科目，同時只需副修另一項工藝科目，第二年則需要副修另一項工藝科目及到工地實習。[151] 工地實習總數有兩次，每次大概二十多天，學員需和地盤工人一起工作，將所學到知識應用到實戰場上。建訓局導師會定期到地盤和工人交流，詢問學員的工作表現和紀律問題等。在不需要到地盤的日子，學員則返回訓練中心與導師分享在工地的學習情況和經歷，導師也會解答學員在工作上的疑問。[152]

↘ 機械切割雲石實習　　　　↘ 裝修木工練習

↗ 電腦繪圖課程

全日制課程──建造業管工／技術員課程

1980 年，建訓局開辦技術員學徒訓練課程；隨後於 1988 年易名為建造業管工訓練課程，訓練內容亦作出調整。學員除了掌握幾個主要建造行業的技術和知識外，亦需要學習工地監管工作。在完成訓練後，學員會加入建築公司任職見習管工，吸收實際工作經驗，然後繼續完成工業學院營造系課程。他們必須完成三年在職業訓練局及工業學院的課程方能成為合資格的建造業管工。[153]

1991 至 1992 年度，建訓局擴展管工課程，增設「屋宇設備管工」分支，與原有的「營造管工」科一併供合資格的學員選讀。[154] 為應對建造業的需求，建訓局於 1993 至 1994 年度加強了建造業管工課程中有關管理、監督、協調及品質測試方面的訓練，同時加入電腦操作應用及電腦輔助繪圖等項目。[155] 同年，「營造管工」科亦改稱為「屋宇建造管工」。建訓局在 1994 至 1995 年度增設「土木工程管工」科，1996 至 1997 年度續增設「工料測量管工」科，供學員選擇的管工課程增添至四項。[156]

↗　經緯儀及量尺的配合使用

2004 至 2005 年度，建訓局將原為一年制的建造業管工／技術員訓練課程，轉為三科兩年制的「屋宇建造」、「屋宇裝備」和「土木工程」監工文憑課程，及一科一年制的「工料量度」技術員證書課程，同時增辦一年制的「建造測量」技術員證書課程。兩年制文憑課程引入了兩個階段的工地實習，並加強平水繩墨訓練；而一年制的證書課程則加強量度理論及實務的訓練。[157]

全日制短期課程

建訓局的短期課程是為有志在短期內學習一技之長，以便加入建造業的人士而設。建訓局提供的課程項目緊貼市場需要而變動，課程訓練期由數星期至六個月不等。自 1979 年至 1982 年間，短期課程一共只有 3 項，分別為鋼筋屈紮、平水繩墨、建造機械操縱科。[158]

1991 至 1992 年度，短期課程增加至 11 項，新增的有批盪、鋪瓦、木模板班等。[159] 及至 1996 至 1997 年度，短期課程增至 27 項，當中包括金屬棚藝班、八十天塔式起重機操作班、工科量度技術班、焊接工藝班等。[160] 2002 至 2003 年度，短期課程數目一度升至 32 項，並將一些原有課程合併，例如泥水科 3 項短期課程合併成「砌磚批盪鋪瓦班」、兩項吊臂起重機操作班合併為「流動式起重操作班」，以及合併挖掘機及推土機兩項操作課程等。[161] 其後受市場因素影響，短期課程的項目曾下降至 2005 至 2006 年度的 19 項。[162]

↗   平水繩墨練習

鋼筋屈紮練習

拆卸樓宇機械操作員課程

批盪科練習

模板課程

↗　搭建金屬棚架練習

兼讀課程

　　建訓局的兼讀課程主要是為業內各級有志再接受訓練及提高本身的工藝技術、監督或科技知識的人士而設。[163] 兼讀課程部分是公開給業內人士報讀，部分則按照個別建築公司或相關機構的需求而設計。

　　早於 1984 年，建訓局開辦夜間粗細木工及水喉潔具深造班，為業內熟練工人提供深造機會。[164] 1986 年 10 月，建訓局創辦主要為建造商的行政人員及工程師而設的實用建造工程管理訓練課程，學員出席率達 80% 以上者可獲頒發證書。學員亦可選擇參加考試，分別為筆試及專業面試兩個部分，合格者可獲頒發文憑。課程為期一年，內容包括建造工程管理的商務、財務、法律、技術、人事及安全方面的課題，着重知識的應用，為建造業提供合資格的管理人員。[165] 1988 年，建訓局為建築業內非技術性工人或其他行業內有志透過夜間進修的人士，設立為期數月的兼讀課程，項目包括砌磚、批盪和鋪瓦。[166]

　　1990 至 1991 年度，建訓局為個別與建造業相關的機構的從業員設計兼讀訓練課程。這類特約課程的種類、訓練期和訓練方式等均可與建訓局議定，安排靈活，而建訓局只收取實際應用於課程的材料費用及基本開支。最初舉辦的課程有房屋署督導員實務課程、房屋署督導員電工實務課程、房屋署維修技工進修課程和香港大學建築系學生實務課程。[167] 1991 至 1992 年度，建訓局首度開辦建造業監工證書課程，專為在職地盤管工、監工及副總管提供有關合約及地盤管理的訓練。[168] 1991 至 1992 年度，建訓局共舉辦 25 項兼讀課程。

↖　建造工程管理訓練
　　課程上課情形

↗   砌磚訓練

↗　「中國建築業經營管理培訓計劃」
　　課程的上課情形

↗　地線探測特約課程

　　1995 年 4 月，建訓局委員會前往北京及上海訪問，自此奠定與中國內地良好的合作基礎，不但定期舉辦專門探討內地部分省市建造業情況的研討會，而且不時安排建訓局委員會前往內地考察訪問，以及接待內地官員來訪建訓局各訓練中心。另外，建訓局亦為內地建築公司提供特約課程，例如 1994 至 1995 年度的天安中國屋宇建造監工課程。[169]

　　建訓局在 1995 年開辦了為期兩天的基本重溫課程及 12 天的實際操作重溫課程，給現職起重機操作員及未能通過測試而需在重考前接受訓練的操作員報讀，協助他們通過工藝測試。[170] 1998 年，為配合政府頒布由 T1 至 T5 五個級別的技術人員有關地盤安全監督任務的「監工計劃書」，建訓局遂開辦「訓練工程監工成為適任的技術人員（T1 至 T3 級別）之臨時證書課程」。[171]

　　安全訓練方面，建訓局於 1986 年和香港建造商會及勞工處合辦「建造業安全主任課程」，並於 1996 年開辦「建造工友安全訓練課程」（一日制課程，又稱建造業平安咭課程，即綠咭課程）及「建造工友高級安全訓練課程」（兩日制課程，又稱建造業超級平安咭課程，即銀咭課程），以確保建築工人符合政府正式修訂的《工廠及工業經營條例》下，規定在 2001 年 5 月 1 日起必須持有平安

安咭才能在地盤工作的要求。[172] 2006 年初，建訓局開辦專為索具工（叻喍）、幕牆工、升降機技工三類高危工作人士而設的「建造工友（指定行業）安全訓練課程」（亦即早年的銀咭課程），又在年底以單元形式開辦「建造工友（指定行業）安全訓練課程」，以回應業界需求。[173] 2001 至 2002 年度的兼讀課程更錄得 173 項的最高紀錄，結業學員高達 172,829 名，其中主要為平安咭課程的畢業生。[174]

向下扎根　向上成長

　　建訓局十分重視學員的基礎訓練，而對地盤工人來說鍛煉身體是一切的基礎。一個工友儘管擁有高超的手藝、豐富的知識，但缺乏體力和臂力也難以把工作做好。建訓局學員上的第一課就是鍛煉身體。課堂內容十分簡單，學員只需拿着材料，繞着訓練場走，以增強體力和臂力。同時，學員也需要在太陽底下操練，畢竟地盤工需長時間在太陽下工作，必需及早適應到實戰的工作環境。[175] 在鍛煉體能的同時，學員也開始學習課程的基本功，例如木工科學員需要跟師傅學習刨木和製作榫卯，掌握尺寸、技巧、方法和準繩度等。只有不斷操練基本功，持之以恆，手藝才會精進。[176] 此外，建訓局也會定時舉辦運動會以促進學員的身心健康和平衡發展。[177]

↖　學員運動會一幕

齊心協力的課程顧問委員會

　　建訓局設有課程顧問委員會（課顧會），委員包括僱主、工會、商會和業內人士等，主要職責是與建訓局導師在課程及測試內容上互相交流意見。[178] 課顧會是建訓局的一個諮詢架構，沒有任何權力。但由於建造業在細分下能分成多個工種，因此業內人士所提供的意見對建訓局設定課程內容、政策和運作的方向都有莫大的幫助。[179] 導師會在開會時把擬定好的方案拿出來與委員討論。如果覺得合理又能執行，方案就會呈上建造業訓練委員會，經過批准後就可以改動課程；有導師成功把仿雲石引入木工課程就是好例子。[180] 課顧會經常開會，會上業內人士亦會反映當時市場環境，建議建訓局在課程中加入使用新的技術、機械、工具和相關技巧教學內容，避免課程與市場脫節。[181] 例如紮鐵商會會長在得知市面推出最新的大型自動化剪鐵機後，就以鋼筋屈紮科課顧會委員的身份在會議上提出，希望推動新機械的使用，以改善整體工作效益。[182]

↗　密閉空間安全訓練課程 —— 氣體測試實習

建造業議會時期的課程發展

建造業議會成立後，為更有系統地量度人力需求及制定每年的培訓名額，建造業訓練委員會早於 2008 年建訓局歸併於議會時已對建造業展開人力研究，並於 2013 年把預測模型涵蓋至工人、監工、技術員和專業人士，以應付業界未來的需求。[183] 及後，議會又與大學研究團隊合作，採用數學模式收集數據，預測建造業每年所需的人力。[184] 這個模型根據過去每項工程的工作量、人數和員工的更替率、建造業起樓量、土木工程量的大量數據作出分析，同時參考課程顧問組的意見，從而得出一個模型，以估算當時所需的建築工人數量，並以此制定訓練學額。[185]

由 2009 年起，議會轄下的建造業訓練委員會積極展開對全日制工藝課程的改革，建議課程根據行業實際所需作出修改，在預設及定期提供課程的安排以外，提供更靈活的選擇，以及更貼近市場的需要。[186] 此外，議會為不同的工藝科目設立課程顧問組，成員包括僱主、商會、工會、供應商和畢業學員的代表，就培訓課程作出討論及專業意見。[187]

↗ 2015 年建造業議會課程迎新日

　　為回應十大基建及私營工程對建造工人的渴求，議會於 2009 年審批了十多個新的短期及兼讀課程，包括爆石工訓練課程、塔式起重機日常檢查及保養訓練課程、岩土勘探機長助理訓練課程及註冊小型工程承建商補足資格課程等。[188]2010 年至 2012 年間新設了多項課程，包括屋宇小型維修課程、建造工友（指定行業）安全訓練覆證課程（塔式起重機組裝工）、文物建築復修（泥水）認知課程（砌磚、批盪及鋪瓦）、適任技術人員 T1（小型工程）訓練課程，及工地管理和督導人員安全課程等。[189]

　　為了加強培訓課程的吸引力和確保學員在受訓期間獲得優質和全面的教育，議會在 2016 年決定以「全人教育」為最終的目標。[190] 2017 年，議會開始籌劃更進一步的培訓課程發展。議會擬將一系列訓練課程，分階段升格為資歷架構認可的課程，將培訓架構與香港教育制度接軌；亦把原來獨立的課程加以整合，好讓一些只完成了中工課程的工人可進修其他技能或晉級的課程。此外，更於2017 年推出全日制建造文憑課程，致力培訓「知識型」的技工。[191] 由此可見，議會提供的培訓課程在這十年間不斷改革，能做到與時並進，貼近業界需要，推動課程發展至更高的領域。

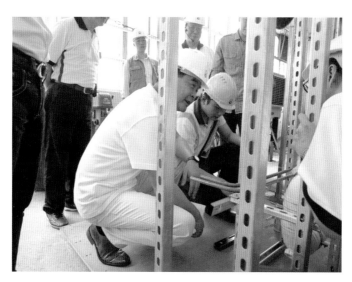

↗　2013 年時任行政長官梁振英參觀
　　議會，視察學員接受培訓情況

香港建造學院時期的課程發展

　　建造業議會為進一步開展課程改革以及發展資歷架構認可的課程，在參考卓佳管理諮詢有限公司的研究報告後，於 2017 年決定開展成立香港建造學院的籌備工作，並成立學院管理委員會。2018 年香港建造學院正式成立，學院提供的全日制課程包括：兩年制高等文憑課程、一年制文憑課程、一年制建造證書課程及短期課程。兩年制高等文憑課程旨在培養學員在建造行業中擔當前線管理及督導人員的工作；[192] 一年全日制的建造文憑則培養知識型的技術人員，以便日後擔當專項監工；[193] 至於一年全日制的建造證書以培養優秀的工藝技術人員為目標。學院亦提供全日制短期課程，訓練期由一個月至半年不等，專為沒有建造業工作經驗，但有意接受正統訓練而轉投建造業的成年人而開辦。[194] 另外，學院亦開辦大量兼讀課程，其中大部分學額為安全訓練課程，目的是配合市場及各持份者的進修需要，為業內人士提供多元化兼讀課程，鼓勵在職人士持續進修，[195] 以提升他們的技術水平，滿足建造行業的要求及提升工作效率。[196]

3.7

多元的培訓計劃

　　因應社會經濟狀況的變化及市場對建造培訓的需求，建訓局與議會在不同時期都推出相應的培訓計劃，加強與僱主之間的關係，提升原有課程的培訓效果，並讓學員更快適應前線工作崗位的要求。

僱主資助計劃

　　為應對 1997 年亞洲金融風暴對建造業工人的影響，建訓局在 1998 年與香港地產建設商會和香港建造商會成立了「透過建造業長工制改善工地安全與品質工作小組」，推動建造業改善工程的品質與安全，和鼓勵行業以長工制月薪形式聘用部分工友。[197] 建訓局在 1998 年 9 月推出「僱主資助計劃」。[198] 在該計劃下，

↘　裝修木工練習

↗　推土機操作練習

↗　塔式及流動式機械操作練習

凡願意以月薪形式聘用建訓局基本工藝課程或短期課程的學員，並與他們簽訂認可的學徒合約及落實在職培訓的僱主，都可向建訓局申請按每位學員計算 2,000 港元的津貼。除電器裝置科及機械維修科外，其餘七項基本工藝科目均在資助之列，包括泥水粉飾科、粗細木工科、油漆粉飾科、水喉潔具科、竹棚工藝科、雲石裝飾科和金屬工藝科。[199] 在短期課程方面，建訓局亦因應業界的要求添加學徒合約，例如在 1999 年增設竹棚工短期課程半年制的學徒合約，[200] 2000 年增設樓廠油漆、樓廠細木工及機械操作員（工種）的半年制學徒合約等。[201]

2003 年，資助計劃根據市場需求作出調整，推出「一條龍」服務，安排學徒在合約屆滿前參加工藝測試，年滿 18 歲的學徒可獲建訓局資助第一次參加測試及按其所屬工種需要的安全課程費用，工藝測試合格及完成有關安全課程者更可獲得額外獎金。[202] 隨着《建造業機電工程徵款條例》在 2004 年 6 月 1 日生效，「電器裝置」基本工藝課程也被納入資助僱主訓練學徒計劃（前稱僱主資助計劃）內。由於兩年制基本工藝課程已加入工地實習，因此結業學員的學徒合約可由兩年縮減至一年半。[203] 到了 2005 年，建訓局將基本工藝課程的「機械維修」科及建造業監工／技術員課程也納入資助計劃，又從計劃內剔除部分與基本工藝課程類同的工種的短期班，將資源集中資助基本班及監工／技術員班的結業學員。[204]

自計劃在 1998 年 9 月開始推行至 2005 年 12 月 31 日為止，建訓局一共批核了 1,153 份學徒合約。[205]

合作培訓計劃

除了通過議會場地提供訓練學額外，議會亦積極發展各項合作培訓計劃，與承建商建立緊密的夥伴關係，提供議會範圍以外的培訓課程。議會自 2009 年起先後推出培訓中工的「土木工程合作培訓計劃」及「承建商合作培訓計劃」，課程涵蓋鋼筋屈紮、模板技術、平水技術、履帶起重機操作、岩土勘探工助理、焊接及工地測量等方面。[206] 這些計劃均有「先聘請，後培訓」的概念，所有學員均由承建商直接聘請，[207] 議會向承建商發放培訓資助，作為學員的部分薪金，[208] 聘請最少 12 個月，期望學員在經過 21 至 24 個月包括工地實習的培訓後，能擔任較多技能工作。[209] 計劃不但確保承建商可培養所需的技工，而且確保學員畢業後的生計，同時亦提升建造業工作的穩定性及競爭力，因而取得空前成功，為業界開

拓更多人力資源。

　　議會其後將計劃擴大至不同的合作伙伴，於 2013 年起推出「分包商合作培訓計劃」、「水喉商合作培訓計劃」、「承建商合作培訓計劃——機電行業」及「建造業合作培訓計劃（工會）—— 先導計劃」。

　　2017 年，議會將合作培訓計劃整合為「建造技工合作培訓計劃」[210]（現稱「中級技工合作培訓計劃」），培訓期亦劃一為三個月或六個月。參加計劃的學員會先到議會參加兩星期至兩個月的前期培訓，以裝備學員對工地安全、行業知識及專業操守等基本技能和知識。完成前期培訓後，學員會前往僱主工地實習，吸收實際工作經驗，並參與相關中工測試、資歷測試或完成培訓考試。培訓大工方面，議會於 2015 年推出「進階工藝培訓計劃——先導計劃（系統性在職培訓）」及「進階工藝培訓計劃——先導計劃（技術提升課程）」，與僱主及工會合作培訓中工晉升為大工。此外，議會亦推出職業訓練局「職專文憑課程資助計劃——技工」、「職專文憑課程資助計劃——技術員」及「工程學文憑」等資助計劃，吸引學員投入機電行業。[211]

↗　2017 年建造技工合作培訓計劃啟動禮

強化建造業人力訓練計劃

　　為了提升全日制基本工藝課程學員在行內的就業率，及留在業內的比率，議會在 2010 年 9 月推出「強化建造業人力訓練計劃」。在有關計劃下，入讀有嚴重人手短缺工種的相關培訓課程的學員，每月可獲 5,000 港元津貼，畢業後首六個月確保可獲每月不少於 8,000 港元的收入，隨後每月可獲至少 10,000 港元。[212] 該計劃又稱為「五八一計劃」，具有改善行業前景和穩定性的積極作用。[213] 此外，議會亦在 2013 年推出「強化建造業監工／技術員訓練計劃」以應付不斷上升的人手需求。議會透過「在職培訓資助計劃」向僱主提供資助，鼓勵其聘請「強化建造業人力訓練計劃」及各項合作培訓計劃的畢業生，並在完成為期 6 個月的在職培訓後繼續聘請最少 12 個月，期望學員在經過 21 至 24 個月包括工地實習的培訓後，能擔任較多技能工作。[214] 學額逐年遞增，2012 年培訓名額從每年 1,200 個提升至每年 2,300 個。[215] 截至 2014 年 11 月，議會成功通過計劃培訓超過 6,000 名學員，[216] 較 2012 年設定計劃培訓名額提升至每年

↗　2010 年推出「強化建造業人力訓練計劃」（俗稱「五八一計劃」）

2,300 名的目標為高。時至今日，隨着十大基建、鐵路及各項工程的開展，還有市區重建、維修、樓宇建造及環境保護等工程均需要大量人手，在發展局的支持下，學院持續推行該計劃，並提高培訓津貼及協助畢業學員找尋收入較高及較穩定的工作，以培訓所需的工程人員。[217]

建造業議會認可技術專才培訓計劃

2019 年，議會推出「建造業議會認可技術專才培訓計劃」，鼓勵學院畢業生與僱主簽訂學徒合約及推動長期僱用的精神，讓學徒能獲資助持續進修。計劃要求僱主採用月薪聘用制度，在兩年訓練期內，議會除了為學員提供訓練津貼外，更會於學員通過中期及畢業評核後提供獎金，以鼓勵學員持續學習、不斷進步。成功完成訓練計劃後，學員會獲得「熟練技工」資格，其後可繼續發展成為專項監工。[218] 該計劃於 2020 年撥歸香港建造學院管理。

3.8
引進創新科技與專業化

創新科技

2012 年，議會成立「建築資訊模型路線圖工作小組」，為建造業界推行「建築資訊模型」（BIM，現稱「建築信息模擬」）擬備策略性的藍圖；[219] 並於 2013 年，完成了一份《香港建造業策略性推行建築資訊模型路線圖之最終草擬報告》，建議就香港推行 BIM 採取制定標準、宣傳推廣及培訓等行動。[220] 為了向業界提供更多元化的 BIM 培訓，議會在 2016 年於九龍灣訓練中心開設「建築信息模擬創新及發展中心」，為業界提供培訓服務、推廣，以及提供建築信息模擬共享平台，同時學員可以使用不同的 BIM 軟件平台，配置攝影測量技術、三維立體掃描技術及三維打印技術。[221]

2017 年，議會聯同發展局成立「『組裝合成』建築法聯合工作小組」，以推動「組裝合成」建築法（MiC），於工廠內工地預製建築組件。工人只需在現場裝嵌預製組件，[222] 進一步改善建造業的安全和品質，讓工友在一個比較舒適和安全的環境下工作。[223] 2018 年，香港首個以「組裝合成」建築法興建的建築物「組建城——『組裝合成』建築法展現中心」於九龍灣建造業零碳天地內落成，展現中心不但集合了不同類型的示範居所，亦同時示範了如何在合乎本港建築要求下，達到各類型「組裝合成」組件所需的功能。[224]

為確保香港建造業可持續發展及提升生產力，促進本地建築行業應用創新技術和解決方案，以便為行業提供有關本地和海外的建築新技術資訊，議會於2017 年成立「建造業創新及科技應用中心」（CITAC），通過收集、展示和發布本地和海外最新建築技術，推廣新建築方法的實施和應用。[225]

↗　三維（3D）打印混凝土牆

↘　2014 年建築資訊模型年啟動禮

↗　時任機電工程署署長薛永恒出席 2018 年香港建造
學院開幕禮時，試用大埔訓練場的吊機模擬器

↗ 位於九龍灣建造業零碳天地內的「『組裝合成』建築法展現中心」

提升行業形象

過往建造業總是給人危險、辛苦、骯髒的印象，而且工時較長，工作地點環境相對惡劣。[226] 年青人覺得「工字不出頭」、建造業工作「好天曬、落雨淋」，業界出現人手流失、青黃不接的現象。[227] 自議會成立以來，一直致力提升建造業的專業形象，以吸引更多年青人投身建造業。

議會於 2011 年與發展局聯合推出「BUILD 升」宣傳計劃，以提升建造業形象，吸引更多新人入行，確保能應付未來基建工程大幅增加而帶來的挑戰。[228]

議會透過舉行「Build 升活力大使」選舉、拍攝《總有出頭天》電視劇及舉辦「青年技能大賽暨建造業活力嘉年華」等活動，提升整個建造業的專業形象。議會於 2013 年 11 月舉辦首次「Build 升活力大使」選舉，選出的 13 位大使當中，既有已從事建造業多年的經驗人士，亦有剛畢業或仍於議會接受培訓的學員，成功為業界塑造專業正面的形象。[229] 議會又與發展局及香港電台合作，於

↗　時任發展局局長林鄭月娥與「Build 升」宣傳計劃電視宣傳
　　短片的演員合照。演員均為建造業議會的學生和導師

2014 年製作《總有出頭天》及《總有出頭天 II》的電視劇集。[230] 該劇刻劃了幾位年青人加入建造業的奮鬥經歷,加深公眾人士對建造業的認識。這兩輯劇集都獲得良好收視和好評,更有年青人受劇集影響而投身建造業。[231]

總有出頭天

　　電視劇《總有出頭天》及《總有出頭天 II》兩套劇集的劇本由真人真事改編而成,紀錄了香港建造業的感人故事,反映本港建造業的核心文化和價值。為了拍攝建造業從業員的真實工作情況,議會更邀請行內師傅親身上陣,教授演員各項工藝的技巧,拍攝場面相當逼真。這兩套劇集雖然是低成本製作,但卻取得了很好的迴響,使年青人對建造業改觀。[232] 及後,議會更以「總有出頭天」為名,舉行建造業招聘會,[233] 年青人紛紛慕名而來參與,投身建造行業,改變過往「工字不出頭」的想法。

↘ 2012 年建造業活力嘉年華暨香港
青年技能大賽參賽選手

↘ 2012 年建造業活力嘉年華暨香港
青年技能大賽啟動儀式

↗ 2013 年深水埗「總有出頭天」招聘會

↘　2013 年「Build 升活力大使」委任儀式

↗　2013 年電視劇《總有出頭天》
　　宣傳活動

↗　2014 年香港青年技能大賽暨
　　建造業活力嘉年華情況

此外，議會於 2012 年及 2014 年分別在九龍灣零碳天地及啟德郵輪碼頭舉行「香港青年技能大賽暨建造業活力嘉年華」，[234] 其中於 2014 年舉行的嘉年華空前盛大，共吸引超過 23,000 人次入場。完成賽事後，議會選出四位選手，代表香港參與於 2015 年舉行的巴西聖保羅世界技能大賽中的四個建造業工種項目。[235] 議會希望透過上述活動，促進業界的專業知識和技能交流，使香港建造業邁向專業化及國際化。

2019 年 8 月，議會派出四位香港建造學院的畢業生出戰於俄羅斯喀山舉行的「第 45 屆世界技能大賽」，各選手不但表現出色，更有機會與來自世界各地的年青選手切磋技能，擴闊眼界。[236]

議會曾調查工人對建造業形象的看法，發現開始時所獲得的評分較低，經過多年來的努力，評分提高了約兩至三倍，反映議會提升行業形象的措施漸見成效。[237]

議會近年更推出多個新項目，進一步提升建造業的行業形象，其中 2019 年推出的《築動力量——建造業月曆 2019》廣受歡迎，分別在 Astrid Awards 2019 及 Questar Awards 2019 中勇奪銅獎殊榮。[238]

技能界「奧林匹克」

由職業訓練局、建造業議會及製衣業訓練局合辦的「世界技能大賽香港代表選拔賽（前稱香港青年技能大賽）」，自 1996 年起每兩年舉辦一次，旨在透過舉辦比賽向公眾介紹不同的工藝技術，同時選拔優秀的選手，參加世界技能大賽，建造工程科技亦是六大競技範疇之一。[239] 其中一屆比賽中，議會邀請了一位師傅表演「揼釘」技術。當時師傅只發三下力，就把長長的鐵釘筆直地打進厚實的枕木之中，讓觀眾嘆為觀止，爭相排隊嘗試。[240] 儘管科技與電腦漸漸取代人手執行工作，不過建造業師傅的精湛技術有時仍然是無可替代的。

建造業議會主席陳家駒（左二）、執行總監鄭定寧（右一）及香港建
造學院院長黃君華（左一）於 2019 年 8 月親赴喀山為選手打氣

四位選手分別挑戰焊接、細木、管道及製暖、鋪瓦四個項目

↗　議會推出的《築動力量 —— 建造業月曆
　　2019》大獲好評

分包商註冊制度

議會自 2013 年起致力改善「分包商註冊制度」（前稱「非強制性分包商註冊制度」），以提高制度的完整性，並建立信譽良好的分包商網絡，杜絕業界的不良分子。[241] 註冊的有效期於 2017 年 7 月延長，註冊分包商可按其運作需要，於新申請或續期時選擇三年或五年期的註冊有效期。[242] 註冊分包商受議會規管，所有違反規定的註冊分包商，會遭警告甚至被暫停或取消註冊。[243] 分包商註冊制度廣受業界歡迎，註冊成員數目持續上升，截至 2017 年底，共有 5,771 間公司成功註冊，連續第三年創新高。

議會將合資格的分包商列入議會訂立的《註冊分包商名冊》中，分包商需要承擔 80,000 港元的註冊資本，[244] 對一些重要工種，更要求加入工人月薪制要求，約 10% 的工人採用月薪制。這是一項前所未有的規定，一改業界過往日薪

制的傳統。[245] 此外，議會近年又舉辦「僱主嘉許典禮」，透過設立多個獎項，例如：聘用最多畢業生之承建商及分包商、簽署最多學徒合約之僱主及積極參與合作培訓計劃之承建商等獎項，表揚積極參與及支持議會及學院培訓工作的僱主。

　　鑒於「分包商註冊制度」獲得廣泛的認可與肯定，議會於 2019 年 4 月 1 日根據香港大學的研究建議，推出《註冊專門行業承造商制度》，旨在透過具認受性的註冊制度，建立專業和具承擔的專門行業承造商團隊，以推動建造業的發展，為本地分包商發展建立了重要里程碑。[246]

　　↘　每年的「僱主嘉許典禮」旨在表揚支持議會
　　　　及學院培訓工作的僱主

　　↗　2019 年「註冊專門行業承造商制度」啟動典禮

提升工人地位

議會積極發展工人註冊制度，透過法定認證制度賦予從業員專業身份，提升建造業工人職業地位。《建造業工人註冊條例》(《條例》) 於 2004 年通過，並於 2013 年隨着建造業工人註冊管理局歸併於議會，議會因而成立建造業工人註冊委員會，專責管理工人註冊的各項事宜。[247]

《條例》的發展主要可分為兩個階段。第一階段禁止條文自 2007 年 9 月 1 日起實施，禁止非註冊建造業工人在建造工地從事建造工作；[248] 第二階段的禁止條文即「專工專責」條文，禁止任何人從事指定工種分項的建造工作，除非該人是相關指定工種分項的註冊技工或在相關指定工種分項的註冊技工的指示及督導下工作。「專工專責」條文於 2017 年 4 月 1 日正式實施，為本港建造業邁向專業化一個重要的里程碑。

此外，議會亦不斷改善及簡化建造業工人註冊系統。建造業工人註冊系統專責小組於 2015 年開展了全新的建造業工人註冊系統的第一階段安排，目標是令承建商使用由議會新開發的應用程式和安卓讀證裝置，收集及提交員工的每日出勤紀錄。[249] 新系統在建造工地獲得廣泛採用，透過提高收集數據的準確度，有助策劃及分析人力資源及培訓的工作。[250] 另外，為執行資深工人評核及推廣《條例》，議會於 2015 年成立了外展隊伍，到訪工地提供註冊服務。[251]

↗ 議會應商會及承建商邀請舉辦「專工專責」簡介會

↗ 有關「專工專責」條文實施的宣傳

　　隨着建造業持續興旺，註冊建造業工人數字亦每年增長，至 2018 年共有 480,998 人註冊為合資格工人。[252] 自議會把註冊制度發牌規範化後，工人只能從事獲得專業資格相關的工種，透過制度奠定從業員的專業身份，此制度亦有助鼓勵從業員繼續參與培訓，提升其專業資歷，從而為建造業留住人才。[253]

推廣企業社會責任

　　議會又致力推廣企業社會責任，包括捐助慈善機構；僱用弱勢人士及鼓勵員工和學員參與義務工作。

　　為提升建造業從業員，尤其是地盤工友的健康及生活質素，議會於 2016 年成立「建造業運動及義工計劃」（CISVP），旨在鼓勵從業員積極參與體育運動和義工服務，達致身心健康之外，更可以服務社會，為香港提供正能量！CISVP 的會員包括：建造業從業員、議會職員、香港建造學院在讀及畢業學員。[254] CISVP 每年舉辦一系列年度業界運動盛事，包括開心跑暨嘉年華、魯班盃龍舟競賽、五人足球同樂日、運動會暨慈善同樂日等，各項賽事多年來得到業界的踴躍支持，吸引從業員積極參與，互相切磋較量，以技會友。CISVP 亦致力推動業界義工文化，鼓勵更多業界友好組成義工隊，組織及參與義工服務，以自身專長貢獻及服務社會。

↗　2017 年實施「專工專責」條文啟動禮

↗　2016 年「建造業運動及義工計劃」
　　舉辦建造業運動會暨慈善同樂日

↗　2017 年舉辦龍舟競賽——建造業
　　議會魯班盃

↗　2017 年建造業義工計劃啟動禮

3.9
導師培訓

　　建訓局聘用的導師大都是手藝高超的行業先進，入職前必須先通過考測才能被錄用。[255] 為了加強導師各方面的知識，提升教學質素，建訓局會安排不同的課程給導師進修。1982 年，建訓局規定所有新聘導師必須修讀香港工商師範學院的工藝導師訓練課程及勞工處主辦的工業安全課程；[256] 至 1986 年改為必須修讀香港工商師範學院及勞工處工業安全訓練中心的課程。[257] 為了讓導師能掌握必要的授課技巧，建訓局在 1993 年作出調整。新聘的導師除了必須修讀香港工商師範學院和勞工處工業安全訓練中心的課程外，還需要參與教學講座。這個講座由建訓局的首席工藝導師、高級工藝導師及其他富有經驗的導師主持，向新聘導師簡介有效的授藝及管理方式。此外，建訓局每年亦安排中心聯誼會議及研討會，讓現職工藝導師分享彼此的教學經驗及交流意見。工藝導師更可向建訓局申請員工進修資助計劃，報讀訓練課程以改善有關行業的授藝技巧。自 1992 年起，建訓局鼓勵導師報讀 ISO9000 品質制度課程，增加他們對日漸盛行的國際品質保證制度的認識，從而改進相關課程的教學方法。[258]

↗　2003 年建訓局與華特迪士尼幻想工程香港公司合作，安排專家來培訓建訓局的導師，學習特殊效果批盪及特殊場景製作

　　1995 年初，建訓局試行一項業內調訓計劃，派遣部分高級導師前往建築地盤學習最新的建造技術，從而提升建訓局的服務質素和發展能力。由於試辦成功，該項計劃其後獲列為長期執行的計劃。[259] 1996 年 3 月，建訓局推出全新的僱員進修計劃，鼓勵各級員工，特別是導師及講師進一步發展個人的知識及技能，改善授課質素。[260] 進修項目包括：建訓局指定修讀的課程／工藝測試、業內調訓安排、參觀地盤、海外考察、部分時間制短期課程及研討會，以及可取得某種資歷的部分時間制課程。[261]

　　為了確保導師的質素，議會成立後推出了多項培訓課程，例如在 2013 年推出導師教學技術課程以及導師職業安全管理課程，加強他們的教學能力。[262] 鑒於對安全的重視，議會於 2014 年為新入職的工藝導師舉辦工地領班員安全訓練課程，讓他們增進管理技巧。[263] 2016 年 8 月，議會推出「導師培訓計劃」讓全職和兼職講師、導師及監考員能夠根據議會的要求和期望，提升講課和教導工藝技術的技巧和效益。議會亦邀請外間專業導師講授如何了解年輕工友的心態，溝通技巧及指導技巧等課題，確保所有授藝員工能有效地提供高質素的訓練。此外，議會訂立持續進修的要求，希望提升授藝員工的個人技能及技術，與時並進。[264]

　　香港建造學院成立後，為配合課程申請資歷架構認證，學院亦推出一系列與資歷架構有關及提升教學質素的導師培訓。

3.10

學員

招募和津貼

　　政府在 1981 年至 1987 年間實施「初中成績評核試」，規定中三學生必須參加公開考試以競逐由政府資助的中四學位。[265] 由於競爭激烈，不少考不上的學生選擇報讀建訓局的基本工藝課程，但求學習一技謀生。評核試取消後，學生基

本上均能升讀至中五，令建訓局在招募學員上面對頗大的挑戰。勞工處於 1995 年設立的展翅計劃及回歸後政府推廣的副學士課程亦令學員招募工作日益困難，引致建造業人員短缺的問題愈來愈嚴重。[266]

　　為了提高競爭力，建訓局就招募學員方面推出了不同的措施。自成立以來，建訓局一直為基本工藝課程及短期訓練課程的學員提供訓練津貼，而金額會隨着市場環境而變動。這些津貼的用意也包括讓學員能專心上課，減少生活上的壓力。[267] 此外，建訓局也加強宣傳活動，在公共屋邨舉辦一連串展覽，直接向市民及年輕人介紹建訓局的課程，以招募學員。[268] 基本工藝課程中的水喉科、電器裝置科和機械維修科最為熱門。[269]

↗　機械維修科練習　　　↗　安裝供水系統練習

一直以來，由建訓局到香港建造學院，給予學員的津貼都會隨着社會經濟發展而提升。1995 年，建訓局基本工藝課程津貼為每月 1,350 港元，短期課程津貼為每月 2,400 港元，而管工課程津貼則為每月 2,000 港元。此外，一些冷門課程會另有特殊津貼，包括基本工藝課程的泥水粉飾科、竹棚工藝科及雲石裝飾科，短期課程則有建築樓宇測量班、焊接工藝班、鋼筋屈紮班、木模板班、砌磚班、批盪班、鋪瓦班及油漆班等。[270] 另外，建訓局也加強宣傳工作，除了維持舉辦開放日，經常在學校、屋邨、社會服務機構等舉行講座和展覽，介紹和推廣各項訓練課程外，同時每月也會派發「建造業訓練快訊」予建造業機構和團體，介紹各種課程並推廣新進修課程。[271]

1999 年 12 月，建訓局設立宣傳及推廣委員會，負責設定各項訓練課程和技能測試的宣傳策略，以及統籌和舉辦相關宣傳活動，以提高招募學員的能力和吸引更多工人報考技能測試。同時，建訓局繼續利用各種推廣媒介宣傳和招募學員，又因應市場情況適時調整學員津貼，基本工藝課程學員每月津貼進一步調整至 1,500 港元至 1,800 港元，視乎修讀學科而定；延伸工藝課程和建造業管工／技術員課程津貼為每月 2,100 港元；全日制短期課程津貼由 2,100 港元至 3,600 港元不等；當中的鋼筋屈紮、木模板、砌磚、批盪及鋪瓦班五項短期班的學員則可多支取一項交通津貼。[272]

2017 年，議會推行「建造技工合作培訓計劃」，與承建商合作提供在職培訓，議會會向學員提供每月 6,500 港元津貼，學員的僱主在三至六個月的培訓期內，向學員支付最少 6,900 港元月薪，務求以穩定的收入水平，吸引轉職人士加入建造業。[273]

現時香港建造學院推行多項培訓計劃，其中「強化建造業人力訓練計劃」每月最高訓練津貼約 10,200 港元（包括基本津貼每月約 7,650 港元及完成課程畢業鼓勵津貼）。[274]「承建商合作培訓計劃」的學員由承建商或其分包商直接聘請，在工地工作時接受培訓，期間由僱主直接支付薪金（薪金由僱主參考市場水平釐定），薪金當中包括由建造業議會資助的培訓津貼每月 4,250 港元或 6,750 港元，視乎工種而定。完成整個訓練期並成功考取中級工藝測試或相關資歷證明後，另有畢業獎金津貼最高可達 10,000 港元。「中級技工合作培訓計劃」的學員先由僱主聘請，然後會獲安排到建造業議會接受前期培訓，期間可獲由建造業

↘　1991 年參加港台太陽計劃，推廣訓練課程

↘　電器裝置課程

↗　鋪砌地台階磚訓練

↗　焊接工藝班

議會發放的津貼，最高可達每月 10,200 港元。完成前期培訓後，參加人士會到僱主工地實習，期間可獲月薪不少於 13,400 港元。完成整個訓練並成功考取相關中級工藝測試／資歷測試後，另有一筆過獎金 10,000 港元。[275]

由建訓局至香港建造學院，多年來亦有在電視上播放廣告，以宣傳其課程及建造業的工作。這些廣告主要是針對家長，改變他們對建造業工作的一些誤解。[276] 其後大學也邀請建訓局代表到校園和學生講解建造業工作的範疇、內容和前景，加深他們對該行業的認識，從而吸引有志人士入行。[277]

吸納少數族裔

為了吸引更多新血加入建造業界，議會亦積極地拓展少數族裔人士、新來港人士及在囚人士的人力資源市場，其中以吸納少數族裔人士的措施最多。議會從 2012 年起，為少數族裔人士開辦「建造業職業粵語課程」，讓他們更有效地在工地與同事溝通，提高生產力及改善工地安全。[278] 2016 年，議會開辦「50 小時的技術提升課程」，協助少數族裔普通工人升格成為半熟練技工。[279] 2017 年，議會把「少數族裔技術提升課程」常規化，並增至五項工種的課程，包括普通焊接、金屬棚架、水喉、混凝土及批盪，合共提供 160 個學額。[280] 議會希望透過宣傳及教育工作，鼓勵更多少數族裔人士及婦女投身本地建造業。

建造業海納百川

你有想過年青貌美、蓄長頭髮的女子當紮鐵工人嗎？建造業一向給人「4D」形象，即骯髒（dirty）、危險（dangerous）、辛苦（demanding）及雜亂無章（disorganised）。儘管如此，建造業卻能包容不同學歷、種族、語言、背景的人，具有海納百川的特點。為廣納人才，建造業議會和懲教署合作，讓在囚人士參加釘板和紮鐵培訓課程及工藝測試，增加將來就業機會。[281] 隨着時代發展，甚至有女性投身建造業前線工作。一位新移民的女士來港後自力更生，毅然加入建造業，習得一門手藝，成為一名揸天秤的女師傅。這些例子展現出不同出身的人都能在建造業中各展所長。[282]

↘ 議會參與 2011 年教育及職業博覽會時，以十大基建計劃
帶來的發展機遇吸引年青人入行

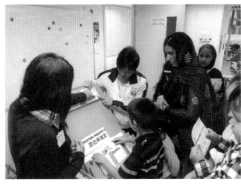

↗ 2013 年少數族裔招聘日 　　　　↗ 2014 年少數族裔家庭同樂日

結業人數的變遷

　　1982 年至 2006 年間，建訓局招募學員眾多，並為他們提供了不同類型的訓練課程。1982 至 1983 年度，葵涌訓練中心落成啟用，全日制及短期課程學徒總結業人數為 1,320 人。[283] 1989 至 1990 年度，隨着香港仔訓練中心投入服務，結業的全日制及短期課程學員增至 1,825 人。[284] 1995 至 1996 年度，上水訓練中心正式運作，加上課程增加，全日制、短期及兼讀課程的總結業人數大增至 12,222 人。[285] 雖然在回歸後全日制課程的結業人數有過短暫的升幅，但 1997 年亞洲金融風暴和 2003 年的「沙士」疫症對香港的經濟和建造業造成衝擊，加上經濟復蘇緩慢，建造業陷入衰退，全日制培訓課程也因而大幅萎縮。自 2000 至 2001 年度，建訓局的全日制課程結業學員人數逐年下降，從該年度的 5,352 人下降至 2008 至 2009 年度的 974 人。[286] 隨着十大基建工程相繼展開，建造業開始復蘇，全日制課程結業人數逐漸上升，至 2017 年達到 6,424 人；2019 年則為 4,743 人。總結業人數也同樣回升，至 2014 年達到 80,581 人；2019 則為 73,910 人（包括全日制及部分時間制課程）。[287]

　　與此同時，政府於 1999 年修訂《工廠及工業經營條例》，規定建造業工人由 2001 年起必須持有平安咭才能工作，引致大量工人在短時間內報讀相關課程。2000 至 2001 年度，建訓局平安咭課程的結業人數更達至最高峰的 146,704 人；[288] 而總結業人數自 1998 至 1999 年度起則連續 5 年超過 12 萬人，當中於 1999 至 2000 年度更創下 199,614 人的紀錄。[289] 隨着平安咭規例正式推行，儘管報讀人數相應漸漸回落，但建造業安全訓練課程至 2019 年度仍佔學院總結業人數的 69% 之高。[290]

1977－2019 年主要課程與結業人數 [291]

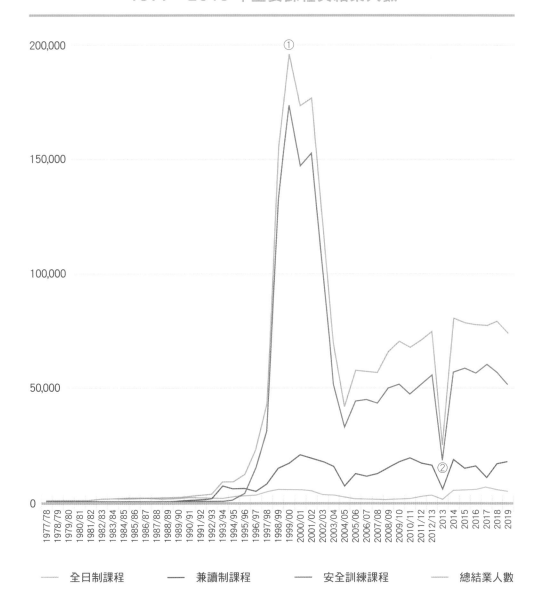

| 全日制課程 | 兼讀制課程 | 安全訓練課程 | 總結業人數 |

① 政府規定 2001 年起建造業工人必須持有平安咭才能工作，致使安全訓練
　課程的報讀人數急升至1999/2000 年度的歷史高峰。

② 2014 年前的統計方法一律以學年為單位，例如 2012/2013 年度，即
　2012 年 9 月至 2013 年 8 月；2014 年起則改為以年份為單位，例如
　2014 年度，即 2014 年 1 月至 12 月。上表 2013 年是統計資料的過渡
　期，只包括 2013 年 9 至 12 月。

此外，議會於 2014 年推出「建造人生師友計劃」，讓基本工藝課程的學員在事業導師的支援及指導下，加深對實際工作情況的認識及加強競爭力，從而留職業內繼續發展；其後於 2019 年全面推行學生輔導服務，服務目的是為協助學院全日制課程的學生解決學習上的困難及提升他們的自信心。[292]

廣受青睞的結業學員

建訓局的結業學員很受建造業行家的歡迎，主要原因有三。其一、行家對建訓局的訓練課程十分有信心，相信結業學員不會「學壞師」，有穩固的工藝基礎，到工地只需要習慣工作環境和流程即可上手。其二、在系統訓練下，這些生力軍大多會更重視工作程序，處事乾淨俐落，不會留下爛攤子。其三、建訓局高度重視安全訓練，學員培養出安全意識，並樂於聽從相關指示。他們視佩戴安全帽和安全帶為習慣，凡事小心謹慎，大大減少工業意外的發生。因此，不少行家都樂意給予機會和時間，讓這些初出茅廬的「新仔」成為熟手技工。[293]

來自五湖四海的學員

建訓局的訓練課程有教無類，有時更配合不同的對象，度身訂造課程，旨在吸納不同背景的人加入建造業界。早年建訓局曾為擬轉業的象牙工人安排細木工課程，讓這些擅長雕刻的工人能將他們細膩的手藝帶入建築業內。此外，建訓局亦曾到越南難民營招生，既為香港建造業增添生力軍之餘，也讓這些難民自食其力。不過要數最具特色的課程，不得不提「送外賣」到懲教處。建訓局曾派導師向在囚人士授課。由於監獄設有工場，雙方只需做點事前準備，然後在上課前把材料和工具送過去即可。1980 年代，香港警隊亦曾安排警員報讀建訓局的搭棚課程。當時非法入境者問題猖獗，而且經常在鬧市飛簷走壁逃避追捕。警員習得爬棚的技能後，就能在保障自己的情況下，將違法者繩之於法。[294]

小結

從建造業訓練局到建造業議會,過去 45 年來香港的建造培訓工作一直努力不懈,孕育了數以百萬計的前線建造人才。2008 年,建造業訓練局歸併於建造業議會,為香港建造業界開創了一個全新的局面。議會雲集業界各個工種及不同階層的精英,努力構想宏大的藍圖,以期為從業員謀求最大的發展機遇。在議會的領導下,建造培訓的規劃與發展不單涉及學與教層面的職業訓練,還提升至為香港建造業界提供穩定而具質素的人力資源供求層面。這種宏觀的視野讓培訓工作的質和量都有長足的發展。2018 年香港建造學院成立,更寫下香港建造培訓與學術專業認可接軌的新一頁。

第四章

創 新 求 變

香 港 建 造 學 院 的 運 作

4.1
建造培訓面對的問題

建造業從業員人口老化

儘管議會積極不斷推行培訓，但因整體勞動人口老化，建造業仍然面對人手短缺問題。由 2014 年至 2018 年間，業界已有超過 11,000 名（佔整體約 4%）技術工人退休，預計這個趨勢將會持續。截至 2019 年 3 月，約有 40% 的技術工人已達 55 歲或以上。[1]

建造業課程變革的需要

全人教育

早於 1999 年，教育局提出在所有教育階段推行全人發展及寬廣而均衡的課程。[2]「全人教育」是指學生除了吸收課本知識外，還要擁有健全的人格發展，以達致德智體群美五育並存。[3]

長久以來，建造業的就業模式一直影響從業員的全人發展。建造業工人大部分以日薪制的方式受聘於分包商，難以建立一個長久的僱傭關係。工人對所屬公司、行業因而沒有歸屬感；同一時間，分包商難以對工人有責任感，無意負上讓他們生活穩定、安全及提升技術的責任，以致大部分建造業工人收入不穩定，難以吸引年輕人入行。[4]

此外，香港建造業素有師徒制的傳統，由一位具經驗的工藝師傅，帶領學徒「邊學邊做」。然而，這種制度缺乏系統性，師傅未必向學徒詳細介紹每個工藝的步驟，令師徒制考生未必清楚工藝測試的內容，因而在不同工種的中工測試的合格率只有約 50%。[5] 更重要的是，由於師傅需要兼顧教學工作，他們未必能夠全面教導學徒關於行業的規範和守則，在培育學徒的專業精神上或有不足之處。[6]

專業化

為了提升香港勞動人口的競爭力及專業水平，教育局於 2008 年推出資歷架構制度。資歷架構（Qualifications Framework，簡稱 QF）是一個設有七級資歷級別的制度，涵蓋學術、職業專才教育及持續進修的資歷。[7] 然而，建造業課程在當時未有向相關機構申請評審，以獲得資歷架構認可，學生畢業後未能銜接其他教育機構繼續進修，難以獲取較高學歷晉升至管理層行列。[8] 因此，建造業工人一直被視為「藍領」，即提供體力勞動的工人。[9]

此外，過往無論是循建訓局或師徒制培訓新人，都較為着重工藝及技術的傳承，較少涉及整個工序背後的理論，[10] 加上現今建造技術日新月異，技工需要學習新的理論及技術，以提升生產力，滿足市場需要。[11] 由於欠缺基本理論、思考、分析、解難、溝通和制定計劃的培訓，工人經常需要依賴分包商的協助才能完成整個工藝程序。[12] 可見以往的培訓方式未能滿足現今市場對專業人才的要求。

創新科技

為應付香港龐大房屋、土地、醫療及社區基建發展等需求及開支，香港有必要發展創新科技。創新科技有助提升香港競爭力，並達致降低成本、提升工程質素及精準度、進一步保障工人安全、符合環保、減低工期延誤等目標。[13] 然而，由於涉及龐大的研發開支，業界普遍不願投入大筆成本於創新科技；政府因而於 2015 年成立創新及科技局，專責香港的創新科技及資訊科技發展政策，推動科學及科技。

2018 年，發展局推出「建造業 2.0」，撥款 10 億港元成立建造業創新及科技基金，以促進建造行業的企業和從業員採用新技術，並支援行業掌握創新科技。[14] 配合「建造業 2.0」的「創新、專業、青年化」目標，香港正需要一群理論與技術兼備和有系統培訓的「知識型」年青新血加入，以推動建造業發展。

香港建造學院的發展

成立背景

因應上述問題，議會於 2016 年聘請卓佳管理諮詢有限公司檢討當前的培訓工作，報告建議成立香港建造學院，整合培訓資源及優化建造培訓。議會於 2017 年開始籌組香港建造學院，並成立管理委員會。

辦學願景和理念

香港建造學院於 2018 年 10 月正式成立，是建造業議會轄下的機構成員，提供以全人教育和建造工地作業模式為基礎的建造業技術及管理培訓。[15] 香港建造學院的成立，亦標誌着由過往所擔當的技能訓練機構角色，轉型為職業專才培訓機構。

學院以「專業樂業，精益求精」作為校訓，願景是為香港建造業培育有專業技術（專）、有理論基礎（理）、有安全意識（安）、有創新意念（創）、有工作熱誠（工）並引以自豪的優秀建造團隊。學院的辦學理念包括：[16]

- 提供以全人教育和建造工地作業模式為基礎的建造業技術及管理培訓；
- 為建造業推廣一個安全和可持續發展的文化；
- 為建造業營造一個敬業樂業的文化；及
- 為建造業建立一個健康和關愛的形象。

↗　2018 年香港建造學院正式成立，於大埔訓練場
　　舉行盛大開幕典禮，並由財政司司長陳茂波擔任
　　主禮嘉賓

全人教育

　　香港建造學院在傳授學生建造知識及技術的同時，亦積極推行全人發展。學院於 2018 年成立學生發展部門，主力負責「全人發展」事宜。學生發展部門的同事積極聯繫各院校的導師及學生，並向他們灌輸學院「五育並舉」全人發展的理念。學院自成立即全面照顧學員心智發展，協助他們發展潛能，培養專業精神。[17]

　　此外，學院亦鼓勵學生參加「建造業運動及義工計劃」，並為學生提供各樣興趣及文化活動、球類比賽及野外訓練營。學院亦安排他們參與義工服務，更在全日制一及兩年制課程內容加入 30 小時義工服務及 60 小時運動訓練，讓他們有機會接觸及學習服務弱勢社群，回饋社會。[18]

　　另外，學院為學生安排全人發展系列講座，邀請嘉賓在不同範疇上分享人生經驗，希望透過分享能夠幫助學員建立正確價值觀，為職業及人生盡早作出規劃。除了邀請成功人士與學員分享其人生經歷外，亦曾經聯同藝術團體為學員舉辦以「換位思考」為主題的互動劇場教育工作坊，協助他們易地而處，理解別人感受及學習於職場上溝通。[19] 學院於 2019 年舉辦「全人發展講座——公民教育系列」、「中華人民共和國國旗、國徽、國歌展覽暨問答遊戲」等活動，旨在提升學生的公民意識、對中國傳統文化及對國民身份的認同。[20]

「建」身也「建」心

　　過往，建造業被視為純技術的行業，學員在培訓過程中只能從師傅身上學到技術，未有德育的培訓，或引致學員對行業及工作缺乏承擔和熱誠。香港建造學院成立後，一直關注學生的全人發展，務求培育具備「專、理、安、創、工」的知識型人才。為此，學院除了教授學生理論和技術外，還會安排體能課，確保他們有能力應付建造業的工作。[21] 學院目前每天安排學生練習八段錦健身。此外，為了擴闊學員視野，啟發才能，學院鼓勵學員參加大型公開工藝比賽，例如「世界技能大賽」及「香港青年技能大賽」。比賽過程充滿挑戰性，參賽者不但提升了原有技術，而且學會堅持與忍耐。[22]

↗　學生每天上課前，都在導師帶領下練習八段錦熱身

↘ 香港建造學院歷奇訓練營

↗ 學院積極推動全人發展，不時舉行
各項運動比賽，鼓勵學生發揮潛能

↘ 「全人發展講座 ——公民教育系列」：前立法會主席曾鈺成先生
　　與香港建造學院學生暢談「聆聽的藝術」

↗　GOGOVAN 創辦人林凱源先生接受邀請，與學生暢談創業之路

課程資歷評審

為落實學院的願景和辦學理念，讓課程與香港教育制度接軌，為畢業生提供更佳的進修階梯，學院成立後陸續為不同課程作出資歷評審，以取得香港學術及職業資歷評審局資歷架構級別。[23] 至 2020 年中旬，學院已獲資歷架構第三級別的課程包括建造文憑的六個科目，以及兩個兼讀制建造業安全監督課程。[24]

此外，師資的質素對提供完善的培訓至為重要。為了提升教師質素及教學水平，香港建造學院與香港教育大學合作，安排轄下導師在教育大學進修，[25] 對象涵蓋學院教學人員、建造證書課程導師、機電工程及安全訓練課程導師等。培訓課程包括「撰寫能力清單及初步學習單元庫」、「評核——評分標準化」、「制定評估計劃和成效評估」，以及「在課堂上應用電子學習」等。

↗ 自 2018 年成立以來，學院陸續為課程取得資歷架構認證

引入創新科技教學

　　學院在不同課程加入多元化的創新科技元素，例如建築信息模擬（BIM）的應用、航拍測量技術、燒焊模擬器，以及在大埔訓練場設立「組裝合成」建築法（MiC）和吊機模擬器教學設施；希望學生在掌握新技術後，可以協助推動行業的發展，提升業界的生產力及質素。[26]

因時制宜　課程革新

　　現時建造行業對從業員的要求比以往高，不僅要手藝好，更需兼備其他不同範疇的專業知識和認可資歷。為了切合市場需要，香港建造學院的課程內容不僅需要隨建築方法而調整，教學方法更需要因時制宜。有別於過往的師徒制，現在的教學更強調自主學習的能力，例如教授六成的知識，餘下四成則需要學員自我探求，讓他們具備自學及持續進修的能力。[27] 此外，學院亦引入新科技以協助教學，例如先在實驗室透過 VR 模擬燒焊，學習基本技術之後，才會到工場使用燒焊機。新的學習方法為學生帶來更安全、更有效益的學習，亦讓他們認識建築科技的發展。[28]

↗　學生於「2019 教育及職業博覽」上，向教育局局長楊潤雄示範模擬燒焊器的使用方法

認可技術專才培訓計劃

為致力實現業界技術人才可持續發展的願景，議會於 2019 年推出「建造業議會認可技術專才培訓計劃」（CICATP），計劃於 2020 年撥歸香港建造學院管理，目標是透過結合在職培訓、技術提升及評核、軟實力及安全訓練，以至創新及科技教育的全面發展方案，有效培訓學院的畢業生成為知識型技術人員。學院鼓勵畢業生透過計劃與僱主簽訂學徒合約及推動長期聘用的精神；學徒更可獲資助持續進修，拓展前景。[29]

4.3

香港建造學院的管治架構及部門運作 [30]

香港建造學院的管治架構

香港建造學院是建造業議會根據《公司條例》（第 622 章）所成立的擔保有限公司，作為建造業議會的機構成員，執行議會的培訓工作。學院由香港建造學院管理委員會（學院管委會）管治，並向建造業議會轄下的建造業訓練委員會匯報。學院管委會目前由李焯芬教授擔任主席，加上最多 12 位來自不同範疇的成員組成，包括建造業議會主席陳家駒先生、建造業訓練委員主席余世欽工程師、建造業議會執行總監鄭定寧工程師、發展局代表、教育局代表，以及來自教育、建築及宣傳推廣界別的人士。透過成員不同的專長，確保學院能有效及高效率地管理，以實現願景及辦學理念。[31]

香港建造學院首任院長為黃君華博士工程師，下轄培訓、學生招募、學生發展、學生就業輔導服務、課程發展及質素保證、專業發展及行政等範疇。

↗ 2019 年「建造業議會認可技術專才培訓計劃」啟動儀式

培訓

學院在九龍灣、上水及葵涌設有三間院校。高等文憑課程的主要上課地點在九龍灣院校，建造文憑及證書課程的主要上課地點在上水院校。[32] 此外，學院在觀塘、深水埗、天水圍、東涌、元朗、葵涌、屯門及大埔均設有戶外訓練場，供不同課程的學生訓練之用。[33]

學院轄下各院校定位清晰，各自在整體加強培訓服務上發揮不同功能。在這前提下，葵涌院校成為建造業的「安全訓練樞紐」，主責提供建造業的安全訓練及短期課程；上水院校則負責以技能培訓為主的全日制文憑課程、證書課程及學徒培訓；九龍灣院校主要負責全日制高等文憑課程；以及建造專業進修院校開辦供業界人士專業進修的兼讀課程。[34]

此外，為了讓學生學習最新的建造技術，學院於九龍灣院校設立建築信息模擬（BIM）創新及發展中心，2014 年啟用時是香港建造業最大型的 BIM 訓練中心之一，設有兩個培訓室，共 55 個工作平台，並配備最新的建築信息模擬軟

↗　建築信息模擬創新及發展中心

件及三維立體科技，包括三維打印機、三維掃描器及攝影測量科技的相關器材。先進的培訓設備為建造業界提供全面的培訓，包括建築信息模擬發展、管理及應用。[35]

學生招募

學生招募部的主要職能是課程推廣及統籌全日制課程學生招募的工作，在三所院校均設有學生招募服務。自學院成立以來，為吸引更多中學離校生對建造業課程產生興趣，學生招募部亦推出多項有別於傳統以教育展覽、講座及大眾媒體為主的推廣方式，包括於 2017 年參加教育局的商校合作計劃、2017 年底至 2018 年初與香港建造商會及香港話劇團合作以話劇形式向中學推廣建造業課程。2018 年 3 月，為配合教育局推行「STEM」（S= 科學，T= 科技，E= 工程，M= 數學）教育的策略及方向，更與 70 間中學成立「STEM 聯盟」（STEM Alliance），致力透過不同活動包括比賽、專題講座、體驗活動及工作坊等，支援協作中學推動「STEM」教育，以提升中學生對工程、科學的接觸機會及認知。聯盟由一個督導小組帶領，成員包括發展局、建造業代表、大專、STEM 學者及

中學辦學團體。此外，學院亦積極與業界共同推廣職業專才教育（VPET），並由學生招募部統籌每年分別與「香港機電業推廣工作小組」及「企業技術學院網絡」（CTAN）合作的大型中學生活動。[36]

學生發展

香港建造學院管理委員會於 2017 年為學院確立了願景、辦學理念及校訓，並於 2018 年 10 月通過有關「落實香港建造學院願景、辦學理念及校訓之策略及計劃詳情」文件，同意採納以「全人教育」作為辦學宗旨，就落實願景、辦學理念及校訓開展一系列行動計劃，務求培育學生具備專業知識和技術、專業操守和價值觀，以及持續學習及改進態度和能力的核心才能；並致力為學生提供豐富的職業專才學習及校園生活經驗，令學生在不同領域中更能了解自己，發展潛能，讓他們成為敬業樂業、有工作熱誠、身心健康及關愛社群的建造業生力軍。針對上述發展目標，學院於 2018 年成立「學生發展部門」，透過「正規教育」、「非正規教育」及「非正式教育」三種教育模式，協助學院各教學及行政部門推動及落實全人教育的理念。[37]

另外，為鼓勵學生提升文化素養及擴闊視野，學院於九龍灣及上水院校均設學習資源中心，為學生提供建造業相關及其他文化類的書籍和刊物，學生可在此自修及交流。此外，為了學生能夠隨時隨地學習，學院提供電子學習資源，學生可透過指定系統，在非議會或學院的網絡下遠程登錄學習資源。[38]

學生就業輔導服務

學院的就業輔導部門為所有一年全日制、兩年全日制及成年人全日制短期課程的畢業生提供多元化的就業輔導服務。各院校有駐校就業輔導專員為學生及畢業生提供就業輔導服務及職涯規劃查詢，[39] 並於學生畢業前透過籌辦「承建商贊助計劃」、工地實習及參觀、師友計劃、就業工作坊、講座、僱主／商會／校友分享會、招聘會、模擬面試等，讓學生於畢業前作好投身業界的準備。[40]

↘ 學院與香港建造商會及香港話劇團合作，到多間中學巡迴演出，
以音樂劇形式向同學介紹香港建造業的行業架構和發展前景

↗ 2018 年成立 STEM 聯盟，[41] 成員中學達 70 間

↘　STEM 聯盟主辦的「橋籤之起」築橋比賽，
　　協助中學生認識建築及工程學原理

↗　中學生亦可透過「動手做」的 STEM 活動，
　　認識建造業不同工種

↘ 2019 年香港建造學院畢業典禮

↗ 師友計劃由已投身業界的校友協助師弟妹了解建造業

↘ 學院舉辦「建造新力量」僱主分享會，邀請建築公司
　　管理層及現職於該公司的學院畢業生，與準新生分享
　　行業前景及晉升階梯

↗ 學院為學生安排僱主分享會，讓學生了解業界運作

課程發展及質素保證

在課程發展及質素管理方面，學院的課程發展及質素保證部門負責建立質素保證機制，確保學院課程營運順暢，並隨着課程改革，使學院進入發展成效為本課程的新里程。部門負責督導提交至香港學術及職業資歷評審局的課程評審工作。[42]

學院建立了一套穩健而切合目標的質素保證機制，自 2018 年 3 月起由各委員會和轄下工作小組逐步落實機制。學院亦草擬和核准共超過 15 套守則及指引，這些指引對課程發展和教學具指導性作用，令不同院校運作和所辦課程更為標準化。[43]

專業發展及行政

學院在專業發展及行政範疇下設有行政及支援部，以及建造專業進修院校。行政及支援部主要負責學院秘書處的工作，確保所有會議（包括香港建造學院管理委員會會議）運作暢順，同時協助院長執行學院整體行政工作。

為配合學院的整體發展，建造業訓練委員會於 2020 年 1 月 1 日起把「專業發展中心」正式更名為「建造專業進修院校」（School of Professional Devel-

↗ 2018 年的課程評審會議

opment in Construction〔SPDC〕），檢視並為所提供的專業持續進修課程重新定位，目標是要成為建造業從業員首選的專業持續進修院校。[44]

　　建造專業進修院校的課程旨在提升業內各級人士於工程督導、管理知識及資訊科技應用上的專業知識和技能，課程包括建築信息模擬（BIM）、「組裝合成」建築法（MiC）、政府工程合約認可課程、電腦輔助繪圖、建造技術及品質、環境保護，及文物保育等不同種類的專才教育課程。[45]

　　2019 年及 2020 年的新課程發展重點為「『組裝合成』建築法」及「建築信息模擬」。2019 年除自行發展相關課程外，SPDC 亦與新加坡建築學院合辦課程，首班「行政人員三天預製體積建設技術課程」已在 2019 年 9 月 6 日至 10 日於新加坡成功舉辦，合共 23 位香港業內行政人員參加。香港首個教授「組裝合成」建築法的「『組裝合成』建築管工證書」課程亦已於 2019 年 12 月開班。[46]

↗　「專業發展中心」於 2020 年正式更名為「建造專業進修院校」（SPDC）

↗　建築信息模擬全接觸工作坊

2019 年開辦的「建築信息模擬經理專業證書」課程為香港首兩個獲得議會認證的建築信息模擬經理課程之一，而完成該課程是申請成為「建造業議會認可為建築信息模擬經理」的必要條件之一。[47]

建造專業進修院校於 2020 年成立諮詢委員會，就院校的策略性發展及推出的課程提供專業意見。院校於 2020 年推出的重點課程包括：與新加坡建築學院合辦為期九日的 Specialist Certificate in DfMA、建築信息模擬資產管理（機電工程署工程）證書、建築信息模擬協調員專業證書、建築信息模擬機電及建造前線施工人員證書，以及前線管理人員數碼建築技術及工程監督證書課程等。

↗　來自香港建造業 13 個不同機構的 24 名參與者，包括大學
　　研究人員及專業人士，報讀了 2020 年 1 月建造專業進修院
　　校與新加坡建築學院在新加坡開辦的 Specialist Certificate in
　　DfMA 課程

香港建造學院的課程

為了滿足不同人士的需要，學院提供全日制及兼讀制課程，培訓專業的建造業從業員。

全日制課程

學院目前提供的全日制課程包括：兩年制高等文憑課程、一年制建造文憑課程、一年制建造證書課程及短期課程。每年訓練學額約 5,000 至 6,000 個，學費全免，並提供培訓津貼。

兩年制高等文憑課程為中六畢業並具備一定中學文憑試成績的學生而設，培養他們在建造行業中擔當前線管理及督導人員的工作。[48] 2020 至 2021 年度的高等文憑課程共四個，包括屋宇裝備監工、屋宇建造監工、土木工程監工及工料測量。一年全日制的建造文憑專為已完成中六的同學而設，目標是要培養知識型的技術人員，日後擔當各個工種的專項監工。[49] 2020 至 2021 年度共有六個文憑課程，已全部取得資歷架構第三級別認證。[50] 一年全日制的建造證書專為完成中學三年級的人士而設，以培養優秀的工藝技術人員為目標。2020 至 2021 年度共開辦八個證書課程，涵蓋建造業多個工種。學院計劃在 2021 至 2022 年度優化課程後，提供更多元化的課程。

同時，證書及文憑畢業生可透過「建造業議會認可技術專才培訓計劃」獲取聘任為學徒，並透過有系統的在職培訓及實力鞏固訓練，持續進修和累積工作經驗，在完成兩年計劃後由中級技工免試晉升為高級技工（大工），可申請註冊成為《建造業工人註冊條例》下認可的熟練技工。

另外，學院提供全日制短期課程，訓練期由一個月至半年不等，專為沒有建造業工作經驗，但有意接受正統訓練而轉投建造業的成年人而開辦。這類課程務求讓學生能在短期內掌握某科專門的操作、工藝或技巧。[51] 大部分課程以考取中

工資格為訓練目標。課程分別有常規短期課程及針對勞工短缺的強化建造業人力訓練計劃，[52] 截至 2020 年，短期課程超過 30 項，涵蓋建造業不同技術工種，其中部分課程更設有英文班，供少數族裔人士報讀。[53]

兼讀制課程

兼讀課程每年的訓練名額約 70,000 至 80,000 個，其中大部分為安全訓練課程，由不同院校及建造專業進修院校提供，目的是配合市場及各持份者的進修需要，為業內人士提供多元化兼讀課程，鼓勵在職人士持續進修，自我增值，[54] 以提升他們的技術水平，滿足建造行業的要求及提升工作效率。[55] 學院的兼讀制課程包括不同範疇的技術提升課程、進階工藝培訓課程（先導計劃）、安全訓練課程、與測試有關課程及特約課程。

為提升業內工友至中級技工程度以便符合「專工專責」的要求，可以獨立地從事相關工種的工作，學院針對建造業需要大量技術工友推出建造工人技術提升課程，[56] 希望工友接受訓練後可擁有認可技術資歷。

另外，學院為提升半熟練技工（中級技工）成為熟練技工（高級技工），以滿足建造業對技術工友的要求開辦進階工藝培訓計劃（先導計劃），[57] 讓中級技工透過短期訓練後參加技能測試，獲得高級技工資歷。

學院為配合政府推展文物建築保育工作及業界對文物建築復修技術人員的需求增加，亦開辦文物建築復修認知課程；[58] 同時，根據行業實際工作需要悉心設計其他技術提升課程，[59] 供業內人士報讀。[60]

此外，學院為少數族裔人士提供英語授課的兼讀課程，[61] 為混凝土工、水喉工、金屬棚架工、普通焊接工及批盪工開辦技術提升課程，為有興趣於建造工地工作但不熟悉廣東話的少數族裔人士開辦建造業職業廣東話課程，介紹專有詞彙、日常用語會話及工作環境情景對話等。

為了提升安全訓練課程的認受性和教學質素保證，學院的「建造業安全督導員證書」課程及「工地安全督導技巧證書」課程在 2019 年 7 月率先成為資歷架

構認可的安全訓練課程，並獲得第三級別水平。[62] 同年，學院在葵涌院校設立安全體驗訓練中心，配備模擬工地危險情況的訓練設備和虛擬實景設施，以提高學員的危機意識。該中心首用於銀咭課程，其後平安咭的實習部分亦獲勞工處認可在中心舉行。

學院亦因應不同規例制定「與測試有關的課程」。[63] 為提高及確定操作員的安全意識、認知及實際安全操作的技術標準，學院開辦起重機操作員資歷證明的測試資格證明課程連測試，學院亦獲勞工處批准為建造業的負荷物移動機械的操作員作出測試，機種包括推土機、搬土機、挖掘機、小型裝載機及壓實機。學院配合建築工地升降機操作員需有合格證明而開辦建築工地升降機（籠較）操作員證書課程及資歷證明。因應勞工處規例，學院亦制定無盡捲盤式臨時裝置懸空工作台（吊船）工作人員證書課程及資歷證明測試。

除此之外，學院因應業內及有關行業的特別要求，舉辦各項度身設計的特約課程。[64] 授課形式可以在工場授藝或在課堂授課，或是兩者兼備，視乎有關機構的要求及課程的需要。

另外，建造專業進修院校亦透過兼讀制模式，為業界人士提供涵蓋多個不同建築範疇的專才教育課程，包括建築信息模擬（BIM）、「組裝合成」建築法（MiC）、電腦輔助繪圖、合約管理、建造技術及品質、環境保護等。

與校友同行　終生支援

學院對畢業生的照顧無微不至，設有專責部門提供就業輔導服務。當學生快將畢業時，學院會為學生尋找就業機會，根據學生的意願及喜好與潛在僱主配對及轉介。[65] 此外，學院更承諾只要是學院的畢業生，即使日後失業需要工作時，學院都會擔當中介的角色為他們穿針引線，與僱主配對。[66] 學院為畢業生提供的服務和活動還包括：畢業同學會、魯班晚宴、師友計劃、傑出校友選舉等，協助他們透過活動擴大人脈網絡，讓校友之間的友誼長存。

↘ 穿上工作服的十位「2019 建造業傑出學徒」，他們面上
都帶着「建築人」的自豪

↗ 2018 年首屆傑出校友頒獎典禮

小結

香港建造學院的成立標誌着香港建造培訓進入專業化發展階段。學院為香港建造人才規劃出明確的發展階梯，並配合資歷架構提供層層遞進的多元化課程。除了課程不斷推陳出新外，學院在發展校園硬件、增建設施，以至學習配套也一直與時並進。在專業化的道路上，儘管學院未來會面對不同的挑戰與機遇，只要憑藉業界上下共同努力，香港建造培訓的發展將會充滿朝氣和生機。

第五章

建 安 思 危

建 造 業 安 全 訓 練 的 發 展

1960 年代，建築地盤可謂危機四伏，因機件故障及工人安全意識不足導致意外頻生，甚至賠上性命。儘管建築工人意外的報道在報章上屢見不鮮，但都只是冰山一角。有見及此，政府在 1970 年代曾多次透過修改法例，增加地盤安全標準及規範。1973 年，政府通過《1973 年工廠暨工業經營（修訂）法案》，就預防意外及救護措施、機械及工具檢查、簽發相關證書和密閉空間的安全標準等方面，都有了一個明確的規範，以保障工地安全。[1]

1980 年以前，香港建造業的安全訓練主要由政府勞工處負責。經過三年的培訓，工廠督察能掌握如何執行工廠及工地安全的相關法律，同時在意外發生後知道如何展開對意外發生過程的調查，從而檢討如何防止意外發生。當時安全監督人員供應不足，不少工廠督察均在完成訓練後轉職至私人公司。有別於在勞工處的職責，私人公司安全主任主要負責提升員工安全意識、檢查工作安全黑點，以防患於未然。[2]

5.1
建造業訓練局時期的安全訓練及推廣（1984－2007）

踏入 1980 年代，建造業訓練局對香港建造業安全訓練及教育擔當起重要的角色。在安全培訓中，建訓局主要提供兩類課程：第一類主要是培訓建造業監督安全事務的專業人才，如建造業安全主任及安全督導員訓練課程；第二類則旨在廣泛提高建造業工友的安全意識，如平安咭課程。此外，建訓局亦積極推廣工地安全，例如於 1999 年與勞工處合辦「建造業安全獎勵計劃」，以提升建造業工人的安全意識等。[3]

舉辦建造業安全相關課程

鑒於工人安全意識不足及工地安全日益受到重視，建訓局於 1984 年與香港建造商會及勞工處合辦「建造業安全主任課程」，為業界培訓合資格的安全主

任。畢業學員可以根據 1988 年實行的《工廠暨工業經營（安全主任及安全督導員）規例》註冊。[4]

1990 年代，香港建造業界銳意減少工業意外，對地盤安全人員的需求大增，建訓局遂於 1990 年把安全主任訓練課程名額由 80 名增加至 120 名；[5]並於 1992 年新增了有關建築安全及 ISO9000 品質保證制度的課程，以回應社會對建造業的安全及品質保證的要求。[6] 1993 年，建訓局續舉辦建造業監工 ISO9000 品質制度課程及建造業安全主任訓練課程，收生率均達到 100%；其後每年收生情況相若。[7]

1994 年，建訓局舉辦在職建造業安全主任短期深造課程，以提高在職建造業安全主任的安全知識；同時又推出「建造業安全主任重溫課程」，讓一班已成為安全主任而又希望溫故知新和接受新知識的人士報讀，並設「工業急救證書課程」以訓練更多現職建造業人士成為合資格急救員。[8]1995 年，政府發表《香港工業安全檢討諮詢文件》，建議在建造業推行安全管理制度，增加對受過正統安全訓練人員的需求。有見及此，建訓局分別增加建造業安全主任課程及助理安全主任課程的名額至 210 個和 60 個。[9]

除了一般安全主任相關課程外，建訓局亦為建造業的專業人士提供安全培訓。1995 年與工程師學會合辦「見習工程師安全課程」，供已參加香港工程師學會 A 計劃的見習工程師修讀，目的是讓見習工程師對建造業安全有更深入的認識，以提高專業人士對建造安全的責任感。[10]1996 年，建訓局舉辦「承建商項目經理安全管理課程」，向建築公司的高級工地管理人員講授安全管理知識。[11]1997 年，建訓局又與香港建造商會合辦「工地安全培訓及指導技巧課程」。該課程為期兩天，目的是訓練安全主任及安全監工認識由香港建造商會所編寫的《工地安全訓練手冊》。[12]

1998 年，為配合政府頒布的「監工計劃書」，要求地盤要有由 T1 至 T5 五個級別的技術人員進行地盤安全監督任務，建訓局開辦「訓練工程監工成為適任技術人員（T1 至 T3 級別）之臨時證書課程」，讓未能符合有關學歷要求的在職地盤監工，能在實施「監工計劃書」的第一階段內，暫時成為適任的技術人員，以解決當時的實際情況。[13]2005 年，建訓局為建造業從業人員開辦「基本防止意

↗　1996 年助理安全主任課堂上，導師講解進行拯救時使用
壓縮空氣呼吸器之正確方法

外課程」，藉以提高工地安全水平。[14]

　　另外，建訓局又為建造業一些特定工種提供安全培訓，例如於 1996 年開辦「工地平整及開採石礦安全課程」，為建造業工友提供相關的安全知識；[15] 又於 1997 年為從事密閉場地工作之人士開辦一日制的安全訓練課程，並為從事監察密閉場地工作之監工或有關人士，開辦兩日制的安全訓練課程。[16] 建訓局於 2001 年為上述課程開辦相關的的覆證課程。

　　由 2001 年起，為更有效監察及檢討建訓局提供的安全訓練課程，建造業委員會通過擴大「建造業安全主任及審核員課程教學委員會」的職權，並易名為「安全訓練課程教學委員會」，先後由張國維博士和魯文超工程師出任主席。[17] 該教學委員會的職權包括：[18]

－　　就為業內人士開辦各項安全訓練課程，向建訓局提出建議；
－　　就建訓局已開辦的各項安全課程的內容及教授方式，向建訓局提出建議；
－　　就建造業安全主任及安全審核員課程的內容、教授方式、入學條件作檢討及建議；
－　　討論建造業安全主任及安全審核員課程的考試成績，並就證書的頒發提出建議。

工友安全訓練課程（建造業平安咭課程）

　　1996 年是香港建造業安全培訓的里程碑。11 月，建訓局開辦為期一天的「建造工友安全訓練課程」（即建造業平安咭課程）。該課程內容獲得勞工處認可，旨在培訓工地工友的安全意識。僱員一旦參加此課程並通過有關考試，勞工處會視為僱主已履行對僱員基本安全訓練的一般責任。[19] 同年，建訓局進一步開辦為期兩天的「建造工友高級安全訓練課程」（即建造業超級平安咭課程）予不同工種的工友，包括：髹漆及裝飾工、木模板工、拆卸樓宇工、水喉工、鋼筋屈紮工、外牆安裝工、批盪工、鋪瓦工、竹棚工及搭建工作台架工。至 1996 年底已有 2,348 人取得平安咭。[20]

　　為配合政府設立平安咭制度，建訓局着手籌辦安全訓練中心（Safety Training Centre，簡稱 STC）。安全訓練中心成立初期的主要任務是執行為期一天的平安咭培訓課程，有關課程的內容大部分是遵從勞工處的課程指示。[21]

　　鑑於政府計劃於 1998 年推行《工廠及工業經營條例》，規定所有進入地盤工作的工人都需要持有平安咭，建訓局為此作好準備，於 1997 年增加平安咭的

↗　勞工處於 1996 年推出「職業安全約章」，建訓局是簽署機構之一

↗　2000 年建造業平安咭課程的實習環節

訓練名額至每年 40,000 個。[22] 同年，建訓局為照顧建造業專業人士及行政人員需要，推出「建造業平安咭多媒體自學教材」，讓他們以自學形式修讀及考取平安咭。[23] 翌年，建訓局增加平安咭課程的訓練名額至每年 50,000 個，以配合即將通過的強制性安全法例；同時積極製作「建造業平安咭自學教材」及購置「平安咭流動教學車」，加強流動教學服務。[24] 1999 年，政府修訂《工廠及工業經營條例》，規定建造業工人在 2001 年 5 月 1 日起必須遵守平安咭制度，並訂明僱主對工人的工業安全訓練需達基本要求。早於 2000 年，房屋處及工務局等政府部門便規定有關地盤工友必須取得平安咭。

自此，安全訓練課程成為建訓局需求最大的課程。在 2006 年，建訓局更為索具工（叻架）、幕牆工及升降機技工三類高危工作人士設立「建造工友（指定行業）安全訓練課程」及以單元形式開辦「建造工友（指定行業）安全訓練課程」，又稱銀咭課程。另外，建訓局又於 2007 年分別通過開辦「氣體焊接安全訓練重溫課程（重新甄審資格課程）」以及「工地建材索具工」銀咭課程等。

↗　2002 年平安咭訓練課程實習環節內，學員親身體驗如何適當地使用安全工作平台

↗　2006 年密閉空間安全訓練課程中的氣體測試實習

↗ 2006 年建造業平安咭課程中，學員感受降傘式
　　安全帶及防止下墜設施的功用

建造業議會時期的安全訓練及推廣（2008 年以後）

安全訓練課程

2008 年，建造業訓練局歸併於建造業議會，一直為滿足業界的最新需求，推出各項安全訓練課程。議會於 2011 年開辦需求殷切的「工地管理和督導人員安全課程」。[25] 另外，應發展局要求及業界需要，於 2015 年開辦「工地管理人員安全訓練課程」，期望加強前線管理人員的工地安全意識，減低意外發生。此課程亦成為公務員合約要求，並需要每五年續牌一次。

議會同時亦為員工舉辦安全訓練課程，包括於 2013 年舉辦「導師職業安全管理課程」，以及於 2014 年為新工藝導師舉辦「工地領班員安全訓練課程」等，讓他們增進管理技巧，以協助他們適應從工地走進課堂環境；又為各級員工舉辦安全訓練技巧課程。[26]

為提升安全訓練課程的認受性和教學質素，香港建造學院的「建造業安全督導員證書」及「工地安全督導技巧證書」課程於 2019 年 7 月率先成為資歷架構認可的安全訓練課程，獲評為第三級別水平。[27]

學院在 2020 年 6 月開辦「吊運安全督導員證書」課程，目的是要加強工地管理人員在起重吊運工作上應有的知識及督導技巧，以確保吊運操作安全，減低意外發生。

此外，鑒於工地意外頻頻發生，發展局及議會意識到提升前線員工的安全意識的重要性，因此，在 2019 年 2 月設立安全體驗訓練中心，配備模擬工地危險情況的訓練設備和虛擬實景設施，以植入危機意識。此中心首用於銀咭課程，並獲得很好的回應。前線員工都同意此訓練設施能令他們預先感受危險的發生。其後，平安咭的實習部分亦被勞工處認可在安全體驗訓練中心進行。

現時學院共提供超過 50 項安全訓練課程，每年的訓練名額約 70,000 個，適合業界不同人士修讀，包括業內管理人員或專業人士、監督工地安全的從業員，以及工地從業員等。[28]

安全推廣

除提供安全訓練課程外，議會亦致力安全推廣工作，務求提升行業的安全意識和運作。議會於 2008 年成立「工地安全委員會」，由郭炳江先生出任主席。委員於年內就提升香港的工地安全進行討論及檢討，並發表多份不同的安全指引。[29]

工地安全委員會於 2014 年易名為「建造安全專責委員會」，至今歷任的建造安全專責委員會／工地安全委員會（易名前）主席包括：郭炳江先生（首任）、張孝威測量師（2009 年接任）、馮宜萱建築師（2016 年接任）及彭一邦博士工程師（2018 年接任）。

建造安全專責委員會目前的主要職責範圍如下：[30]

- 檢討並監察建造業的安全表現；
- 檢討並提升安全管理機制；
- 鼓勵業界採納有助建造業安全的新科技應用及創新意念；
- 進行研究以提升建造業的安全表現；
- 找出可提升安全表現的措施，並向議會提出建議；
- 向建造業界推廣採納改善措施；
- 培養建造業內安全文化。

成立小組委員會及工作專責小組

除了舉辦相關課程外，為貫徹預防致命和嚴重意外的策略性方向及進一步提升建造業安全水平，議會於建造安全專責委員會屬下設立三個小組委員會，包括：安全培訓小組委員會、安全技術事宜小組委員會、安全推廣小組委員會，及多個工作專責小組，以更全面及多角度提升建造安全培訓、技術及推廣，有策略

地為業界提供課程、安全指引及舉行建造業安全推廣活動等。

發行建造業安全刊物

　　議會不時向建造業界發出不同類型的安全刊物，例如安全指引、安全提示及安全海報，藉不同的説明方式向業界從業員解釋安全措施及提供安全守則。

1. 安全指引

　　2007 年 7 月 10 日，在銅鑼灣一個拆卸地盤的一台塔式起重機在更改高度操作時倒塌，導致兩名工人死亡及五名工人受傷。[31] 該宗意外引起業界及公眾對安全使用塔式起重機問題的關注，亦促使議會及有關持份者合力謀求方法以便進一步提升塔式起重機的使用安全，尤其在起重機械進行架設、更改高度及拆卸等較危險操作時的安全。有見及此，議會經與業界商討後，於 2008 年發表第一份安全指引 ——《塔式起重機安全指引》（第一版），該指引載列提升塔式起重機操作安全的良好做法及改善塔式起重機使用安全的各項建議措施，供建造業自發遵守，協助業界從業員精益求精。

↗　就不同工種的標準和工作程序發出安全指引

　　隨後議會為持續地推廣良好安全作業方式及保障建造業工人的安全，向業界發表了共 22 份的安全指引（包括更新版本），期望所有業內人士採納有關指引列出的建議，並無時無刻遵守所列標準或程序。有關安全指引涵蓋建造業各個不同工種，包括：塔式起重機、升降機槽工程、扎結鑽樁鐵籠、離地工作、酷熱天氣下工作，以及新樓宇外牆上設計、安裝及維修澆注錨固裝置等。

2. 安全提示／訊息

　　2011 年 7 月 8 日，荃灣一個建築地盤內發生致命意外，兩名工人在扎結一個鑽樁鋼筋籠時，該鋼筋籠突然倒塌，將他們壓斃。[32] 預防建造業意外是議會重點工作之一，議會在該意外發生後迅即發表了第一份的安全提示《第 001／11 號 —— 扎結鑽樁鐵籠》，並於其後針對建造業的嚴重或致命意外，適時地提醒承建商、工友及各持份者採取必要的安全措施以避免悲劇重演。安全提示／訊息不僅提醒業界遵守安全法規的重要性，同時向從業員展示何為負責任的作業方式。

↗　不時更新安全訊息和提示，提醒承建商及工人避免悲劇重演

3. 安全海報

　　為確保重要訊息能直接傳達至前線監工人員及工友，議會於 2012 年開始出版與健康、安全及福利有關的海報，將安全重點以豐富的圖像及顯淺易明的方式供前線工友閱覽。此外，為照顧少數族裔的需要及希望更廣泛地推廣安全，議會於 2018 年為各安全海報翻譯成尼泊爾文、烏爾都文及印地文供少數族裔工友閱覽。這些海報不僅體現了議會對重要議題的關注，亦有助於讓公眾了解議會在當中的貢獻。

　　有關安全海報類別包括：處理及存放化學物料及廢料、高處工作安全、密閉空間工作安全、船上及水上建造工程工作安全、妥善保護和儲存鋼筋等。

4. 參考資料

　　議會致力在香港建造業的各個範疇不斷改進並協助業界精益求精，於 2017 年 3 月發表了《工地福利健康和安全措施參考資料》。該參考資料的主要對象為私人發展商，在參考資料內列出發展商、香港房屋委員會、香港鐵路有限公司為

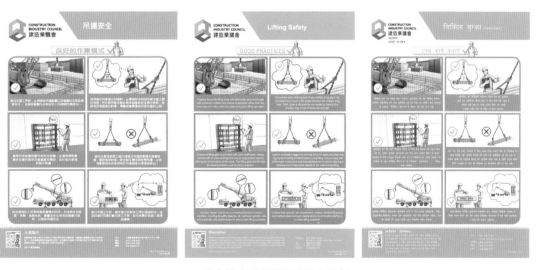

↗　議會推出不同語言的安全海報

建造業工友提供福利和健康措施的良好守則，冀有關機構可按個別工地情況，積極採用，以保障工友的安全，改善工地的工作環境。

此外，根據勞工處的統計資料，人體從高處墜下是一項導致嚴重身體受傷甚至死亡的主要意外類別，[33] 為加強前線從業員的安全意識，議會發表了《高空工作安全手冊》，以多圖少字方式闡釋各高處工作的安全重點，並於建造業安全周的「工地齊 FUN 享」活動內免費派發予建築地盤。

舉行建造業安全周

為向公眾及業內人士推廣建造業安全的重要性，議會與發展局自 2011 年起攜手舉辦建造業安全周活動。安全周目的是讓本地和全球的持份者交流知識、掌握建造業安全發展的最新趨勢和資訊、更新和鞏固從業員的知識基礎、協助他們順利履行日常職務，並為業界人士創造更安全的工作環境及向業界和公眾推廣「零意外」目標，致力提高業界的安全意識。

為切合業界的最新安全趨勢，安全周每年均有不同的推廣主題。歷年建造業安全周主題表列如下：[34]

年份	主題
2011	建造業 —— 邁向安全與公平之道
2012	地盤零意外，關懷建未來
2013	工地安全 —— 我的承諾、我的責任
2014	工友健康及安全領導
2015	工友健康及安全領導
2016	建築設計安全
2017	工人行為
2018	協力提升工地安全
2019	安全創新
2020	安全智慧工地

每年的安全周均舉辦研討會、工地參觀，及公德地盤嘉許計劃頒獎典禮。

研討會乃建造業安全周的重點活動之一，議會每年均邀請來自世界各地及本地業內的專家，就業界關注的安全課題作出分享及討論，以凝聚所有持份者的知識及力量，共同推動工地達至「零意外」的目標。

工地參觀由香港建造商會協辦，並希望為業界提供溝通平台，安排建造業從業員參觀安全表現優秀的工地，推廣優良的工地運作模式，從成功例子汲取經驗，進一步提高安全意識及推動業界各階層對工地安全的承擔。

「公德地盤嘉許計劃頒獎典禮」為業界一大盛事，計劃目的是在工務工程及非工務工程的工地推廣注重公德的態度，以及安全、健康及環保的良好作業方式。

除舉辦研討會、工地參觀，及公德地盤嘉許計劃頒獎典禮外，議會亦因應業界的發展，在歷年的安全周舉辦多元化的安全活動，例如於 2013 年，在時任行政長官梁振英帶領下，經由互聯網視像直播，於全港 800 個工地同步參與做早操及零意外誓師大會，吸引超過 30,000 位建造業從業員參與。

議會舉辦的氣功「八段錦」演練決賽，為「建造業安全周 2015」展開序幕。約 200 名建築工人組成的八支晉身決賽的隊伍，在金紫荊廣場展現他們的氣功本領。國家體育總局的氣功專家應邀擔任決賽的評判，進一步提高建造業界的安全及健康意識。此外「建造業安全錦囊」的智能手機應用程式亦在「建造業安全周 2015」的開幕典禮上推出。有關應用程式旨在提供一站式平台，以整合重要的安全訊息，並以實時方式向前線工人、從業員及持份者推廣安全活動。

另外，議會集合業界力量，於「建造業安全周 2017」上立下另一創舉，由超過 500 名建造業的持份者排列成「人體組成的最大反光衣圖形」，並創下健力士世界紀錄，繼續推動香港建造業實現「地盤零意外」。

議會於 2017 年及 2018 年的建造業安全周均舉辦「建造業安全周嘉年華」，以深入淺出的方式推廣建造業安全意識。嘉年華設有多個趣味和教育意義兼備的攤位遊戲及活動，例如充氣攀石牆和玩具挖掘機等，讓公眾得以體驗建造業工友的日常工作。嘉年華共吸引超逾 10,000 人次入場。

↘ 2013 年建造業安全周透過互聯網視像直播，由時任行政長官梁振英帶領全港 800 個工地同步參與做早操及零意外誓師大會

↗ 2017 年「建造業安全周嘉年華」

↗　2017 年「建造業安全周嘉年華」

↗　2018 年安全高空（離地）工作推廣

↗　2018 年「安全齊 fun 享」活動

為持續及更有效地提升工地安全，以及讓更多前線工友體驗創新安全訓練模式，議會於 2019 年的建造業安全周首度舉辦為期近一年的「工地齊 FUN 享」安全推廣活動，議會向約 100 個工地免費提供包括「高空工作 VR 體驗套件」及《高空工作安全手冊》的安全資訊包，讓參與單位自行制定適合工地的安全推廣計劃，藉此作為建造業安全周的延續，把安全周的關鍵訊息進一步於各工地實踐及推廣予前線工友。

除一年一度的建造業安全周外，議會近年亦在香港建造學院大埔訓練場舉辦了「建造業機械操作比賽」，以提升從業員的安全意識及專業技術。[35]

↗ 2017 年「人體組成的最大反光衣圖形」健力士世界紀錄

↘　2018 年公德地盤嘉許計劃頒獎典禮

↗　2019 年建造業安全周研討會

↗　機械操作比賽項目難度高，除了考驗參賽者的技術，
　　更要求嚴謹的安全措施

制服及安全帽

　　為提升建造業工人的健康及幫助工人抵禦高溫及潮濕的環境，議會及香港理工大學（理大）於 2015 年 4 月 1 日簽訂協議，理大將建造業抗熱服技術授權予議會。[36] 抗熱服包括有領汗衫及長褲，分別由 Coolmax 布料及新一代包含納米物料的「吸濕排汗紡織品」布料纖維製成。新布料採用高水分管理技術，具備優秀的單向傳送及液體濕度管理功能，使布料透氣度高、加快汗水蒸發，有助建造業工人抵禦高溫和高濕環境。[37] 根據協議，議會將此項技術再授權予其他承建商以期得到更廣泛採用，從而進一步惠及業界。

　　建造業抗熱服深受業界歡迎及獲業界廣泛採用，配合勞工處於 2018 年新修訂的《安全帽的揀選、使用及保養指引》對安全帽的規定，將帽帶定義為適當安

↗　建造業活力大使及議會畢業生展示以新一代布料
　　製作的抗熱服，新抗熱服可提高前線工友工作時
　　的舒適度，減低中暑機會

全帽的必要組成部分，而不再被視為配件，並明確規定安全帽的結構特點和所需
通過的測試要求，可進一步保障建造業工人的安全和健康。

模範工作場所

為了加強建造業的安全意識及為建造業設立一個模範工作場所，議會於大埔
訓練場進行優化工程，並設下多項安全設施如人機分路，及引入多項先進設施如
智能儲物櫃、智能出入閘機等。這項工程於 2015 年 12 月 23 日竣工，並於同
日舉行開幕典禮，為建造業工作場所立下典範。

↗　完成優化工程後的大埔訓練場

↗　模範工作場所：人機分路

為業界播下安全種子

　　議會和香港建造商會自 2015 年起合辦「工地安全體驗計劃」，目的是提升大專院校學生在建造業安全方面的意識，為將來有志投身建造業的學生裝備自己，並希望在學習時期已播下安全的種子。該計劃透過歷奇活動及團隊合作的教學模式，讓學生體驗高空工作、個人防護裝備的運用及其重要性、吊運訓練等，讓他們日後在設計及計劃工程時以安全為首要考慮。「工地安全體驗計劃」推出至今吸引超過 1,800 名大專院校學生參與。

安全短片

　　2018 年，建造業議會聯同勞工處及職業安全健康局共製作 14 套安全短片（包括高處工作、起重及機械操作、密閉空間工作、電力裝置工作及升降機槽工程）[38]，予業界作培訓及推廣。除此之外，議會於 2018 年及 2019 年期間舉辦安

全短片比賽，並將得獎作品上載至安全周網頁，[39] 透過短片分享，提醒業界持份者注重安全實踐，共同推廣及分享業界良好的施工安全措施。

安全體驗訓練中心

鑒於工地意外時有發生，為提升學生和建築人的危機意識，建造業議會在2019年於葵涌院校內建立「安全體驗訓練中心」。有關訓練中心打破傳統課室為本的安全訓練，新增了糅合模擬建造業意外體驗的安全訓練。「安全體驗訓練中心」可以讓香港建造學院學生和業界從業員在安全的環境下，體驗不同情況的工地意外，加強他們的工地安全意識。中心佔地約280平方公尺，由八個不同區域所組成，包括「個人防護裝備」、「離地工作安全訓練」、「起重吊運設備」、

↗ 2019年安全體驗訓練中心開幕儀式

「消防安全」、「安全使用化學物品及電力」、「良好工地整理」、「機械操作及切割夾捲危害」，以及「虛擬實境訓練」，為多個工種提供模擬工地實境的意外體驗及訓練。

　　中心首次應用於銀咭訓練課程後大獲好評。前線員工都同意，此訓練設施能令他們預先感受到意外的發生。其後，平安咭的實習部分亦獲勞工處認可在安全體驗訓練中心進行。由 2019 年 2 月至 2020 年 1 月，共有超過 12,900 人次曾在「安全體驗訓練中心」接受全新體驗式的安全訓練，冀能逐漸改變個別從業員的安全文化及習慣。

↗　安全體驗訓練中心

↗ 安全體驗訓練中心透過模擬實境技術，讓參與者體驗各種建造工地發生的意外

小結

工地安全與工人的安全意識長久以來是建造業界關注的議題之一。建造業訓練局是提供安全課程的主要先導機構，其中安全咭課程更是業界需求最大的課程，對提升業界安全意識，減低工地意外作出了重要的貢獻。除了增加課程的多元性外，建訓局歸併於建造業議會後，議會更透過製作刊物、舉辦活動、拍攝短片、增建設施等不同方法推廣行業安全，至今成效有目共睹。工人安全在得到基本保障的同時，業界亦一直努力推廣工藝測試，期望提升這兩方面的水平和標準，從而提升行業的專業地位和形象。

第六章

繩 正 曲 直

香港建造業工藝測試的制定與發展

工藝測試制度推行的背景

　　建造業訓練局成立以前，香港建築工人的培訓主要沿用師徒制。工人經親戚或朋友介紹入行，跟隨師傅學藝，一般為期三年。首兩年徒弟大多為師傅處理雜務，在掌握了基本工藝後才漸漸獲派參與更多工序。徒弟的工藝水平很大程度取決於師傅的工藝技術與傳授方式，徒弟是否滿師則完全由師傅決定。不過，行業欠缺滿師的客觀標準，工人或積累了一定的工作經驗，或稍稍懂得行業操作，甚至工藝水平不足仍自稱師傅者亦不計其數。[1] 這種情況普遍存在於不同工種，無疑對工程的質量構成負面影響。

　　與此同時，香港建築工人主要以分判制度聘用而非長工制。自 1960 年代起，建築工程的總承建商開始把工程的不同部分外判予不同的分判商（俗稱判頭），而判頭又會把工作分拆外判，從中賺取利潤及攤分風險。最終，在前線工作的工人能收取的工資可能只是總承建商投標價錢的三至四成。在建築工人供應短缺的情況下，工人同時在多個地盤工作，部分工程費用較低的項目亦因此未能聘請工藝較好的師傅。[2]

　　1970 年代後期，多個與建造工程相關的工會曾經就由總承建商建立一支穩定的施工隊伍作出研究，團隊包括不同專業的工人，包括泥水、油漆、木工及水喉等；另聘用相關管工，以檢定工程的工藝水平。不過礙於相關建議令總承建商在工資、工人福利及行政上的成本增加而未能落實推行，行業各持份者只好尋求其他方法，以控制工程的質量保持在合理的水平。[3]

　　1980 年代，香港建造業界逐漸走上現代化與規範化的發展路向，對工人工藝的要求也日益嚴謹，惟其時香港工人的工藝水平參差不齊，業界認為有需要推行工藝測試以確保工人的技術水平。

6.2
工藝測試的早期嘗試

　　早於 1980 年 6 月，當時負責統籌人力培訓的政府機構香港訓練局已提出工藝測試的相關討論，認為應先就工藝測試訂立指示和大綱，並組織相關委員會負責跟進探討。同年 11 月，當時的建築及土木工程訓練委員會（Building & Civil Engineering Industry Training Board）訂立了工藝測試的一些準則：[4]

- 工藝測試所需要遵守的安全措施；
- 完成測試所需要的時間；
- 實行測試的方法；
- 所需測試成品的質素；
- 測試需要使用的材料及機器保養問題。

　　隨着一般市民對樓宇質素的要求日漸提高，建訓局認為工藝測試可確保工人的技術水平，從而提高建造質素，亦可提升業內工人的專業地位。[5]1985 年，建訓局與職業訓練局（職訓局）的學徒訓練及技能測試委員會建議訂立工藝測試及證書制度。為了建立完善的制度，莫國和工程師（其後出任工藝測試委員會首屆主席）及其他業內人士曾經到英國考察當地的工藝測試制度。[6]整體而言，建立工藝測試有以下目標：[7]

- 協助建造業篩選工人從事相關技術工作；
- 為未有接受正規訓練之工人進行技術評定；
- 為技術工人訂定相關技術標準；
- 由發牌機構肯定技術水平標準；
- 為技術工人建立就業的技術階梯。

　　1989 年是建立工藝測試制度標誌性的一年。建訓局一方面決定與職訓局合作試行砌磚工藝測試，預期於 1990 年 8 月起一年內測試 40 名砌磚工；[8]另一方面在內部率先試驗舉辦工藝測試。建訓局在九龍灣及葵涌訓練中心提供水喉潔具

和細木工工藝深造課程，入讀前學員需要通過相關工藝測試；這種安排一直維持至 1995 年。[9]

　　1991 年，建訓局與職訓局合作為六個當時比較熱門的工種推行工藝測試，分別是砌磚工、鋪瓦工、批盪工、細木工、粗木工及油漆工。工人可以自由選擇參與，為香港建造業實行工藝測試之始。[10] 由 1990 年至 1993 年間，建訓局一直以此模式作為工藝測試的試驗。

　　一般而言，早年的工藝測試分為工藝知識及工藝技術兩部分。前者為多項選擇題，以測試考生的相關知識水平，後者則以實際工藝為主。考生要在一天內完成工藝技術測試及約一個小時的工藝知識考試，並且需顯示出行業所需要的知識及工藝，方能通過考核。[11]

↘　油漆工工藝測試：鐵閘髹漆

↗　批盪工工藝測試：底層批盪

↗　細木工工藝測試：安裝門鎖

最初的工藝測試

　　工藝測試開始時只有鋪瓦工、批盪工、細木工、粗木工、油漆工及砌磚工六科，而且測試內容亦與現今有所不同。1991 年工藝測試中的鋪瓦工考試是一個例子。當年測驗由上午 8 時 30 分開始，到下午 6 時 30 分結束，期間有一個小時的午膳時間。考生需要自備考試工具，同時需自行拌和沙漿和做附帶工作。鋪瓦工考試分為三部分，包括：鋪砌紙皮石、鋪砌地台磚，以及鋪砌釉面瓦及做水泥沙漿底層批盪。每個細項均包括對圖樣和施工章程的理解、施工前準備、程序、準確度、進度、品質、正確使用材料及工具、安全措施、協調其他工作等，全部都是評分範圍。測驗評分合共 120 個小分題，每題佔 2.5 分，分數相加後再乘以相關比率就得出總分。1991 年的評分標準與現在自然不盡相同，但以工藝、對工種了解、運用工具、安全等為評分大方向則並無二致。[12]

↗　1991 年鋪牆瓦及地台磚工技能測驗試題　　↗　1991 年鋪牆瓦及地台磚工技能測驗評分表

6.3

工藝測試正式確立（1993－1997）

工藝測試在推行數年後已確立雛型，建訓局於 1993 年成立工藝測試委員會，並撥出 300 萬港元用作管理訓練及籌建工藝測試中心。第一屆委員會由莫國和工程師擔任主席，委員會的職權包括：[13]

－　就有關工藝測試及資歷證明的發展向建訓局提出建議；

－　就監察工藝測試之資歷證明向建訓局提出建議；

－　監察工藝測試之進行；

－　就有關工藝測試的財務事宜向建訓局提出建議。

　　委員會的成員來自業界不同的持份者，包括政府工務科、勞工處、工人、僱主、專業學會等代表。1993 年，建訓局為原來的六項工種提供工藝測試，全年合共 480 個名額。[14]

　　1993 年 7 月，政府通過《工廠及工業經營（起重機械及裝置）（修訂）規例》，要求起重機操作員於 1994 年 7 月 22 日前取得建訓局頒發的認可牌照，建訓局隨即於同年 12 月 1 日開始為塔式起重機、履帶式固定吊臂起重機、輪胎式液壓伸縮吊臂起重機及貨車吊機等操作實行資歷證明測試。[15]

　　自成立委員會後，建訓局開始與不同政府部門及機構合作，增加工藝測試的工種。為應對房屋署於 1995 年 4 月 1 日開始簽訂的新工程合約，就承辦工程列出需聘用一定數量的認可技工／操作員的要求，委員會於是與職訓局土木工程及建築業訓練委員會合作，把工藝測試的範圍擴展至涵蓋 15 個工種。新增工種包括水喉工、鋼材焊接工、金屬工、鋼筋屈紮工、竹棚工、混凝土工、雲石工及平水工等。[16] 1996 年中，建築署跟隨房屋署在工地合約列明須要有一定數量的工人通過工藝測試，致使工藝測試的需求量進一步上升。1997 年，委員會研究開始為土木工程工種增設資歷證明測試，例如推土機、挖土機等。[17] 所有成功通過工藝測試的工人會記錄在勞工處的系統內，使他們能優先獲得聘用。[18]

↖　雲石工工藝測試：
　　地台鋪砌雲石板

↘　貨車吊機操作員資歷證明測試

↗　塔式起重機操作員資歷證明測試

　　隨着《工廠及工業經營（起重機械及裝置）（修訂）規例》於 1995 年 1 月 1 日生效，其時參與建訓局舉辦的起重機操作課程可以豁免考試。同年，建訓局開設附有資歷測試的吊船操作員課程；建築工地升降機及塔式工作平台操作課程則於翌年推出，以回應勞工處及機電工程署的要求。

　　1995 年 1 月，香港仔訓練中心正式成立管理培訓及工藝測試中心，建訓局同時在上環開辦附設課室及會議室的辦事處。為了建立公平的工藝測試制度，建訓局採納了廉政公署就防止貪污程序作出的建議，包括建立考試上訴機制及保留考試相關的記錄等。[19]

　　為了推廣工藝測試，建訓局曾作出多方面的宣傳工作，包括於 1996 年舉辦問答比賽、透過工會報名可享有優惠、前往房屋署和建築署地盤宣傳，以及頒發獎狀給傑出考生等。1997 年，為了增加工藝測試的透明度，建訓局製作了一套詳述工藝測試的目的、程序及評分標準的錄影帶和海報，並在季度報告中加入每個工種成功通過測試的人數比例，希望藉此提升報考工藝測試的人數。此外，為完善制度，建訓局工藝測試委員會於 1996 年派人前往廣州及英國，考察兩地類似的制度。[20]

↖　香港仔訓練中心於 1995 年正式成立管理培訓及工藝測試中心

推動工藝測試「強心針」

　　儘管工藝測試能為建造業界帶來眾多好處，但在推行之初，不少行內老師傅卻避之則吉。老師傅在行內多年已有一定的聲譽，加上當時工人無須通過工藝測試都可以工作，因此對部分老師傅來說，基本上沒有誘因報考工藝測試。另外，不少老師傅亦普遍懷有「萬一測試不合格會很沒面子」的心理。有見及此，當時不少負責訓練的導師及行業領導均率先親自報考測試，以身作則。他們考牌成功後，隨即游說其他工友報考。他們一馬當先為一眾工友打下強心針，掃除了業界對工藝測試的恐懼。[21]

6.4

工藝測試專門化（1998−2017）

建立中級工藝測試制度

　　工藝測試制度於 1998 年取得突破性發展。建訓局及職訓局應政府的要求，在建造業的 14 項工種，例如平水工、金屬工、鋼筋屈紮工、竹棚工及雲石工等，推出中級工藝測試（中工測試）。1999 年 4 月 1 日以後，建築署與承建商的合約當中列明需要聘請某個百份比的認可工人規定之上，加入需要聘請不少於 5% 合資格中工的條款，並擴展到所有工務部門招標的工程及維修合約。

　　簡單而言，當工人開始掌握某工種的技術，可以在地盤工作、謀生，又或工藝到達指定水平，即具有「中工」技能。當工人的技術更進一步，即達至所謂「師傅」的水平，就等於擁有「大工」技能。中工測試確認了工人的技術水平，從而協助工人就業及晉升，而建訓局亦為第一次未能通過測試的工人開辦 14 項為期一週的課程，讓考生在參加第二次測試前重溫相關技術。[22]另外，自中工測試成立後，該測試亦隨即成為基本工藝課程和短期課程相關工種的最終考核，是

學員成功結業的條件之一。

1998 年 1 月，建訓局成立中級工藝測試委員會，由潘杜泉先生擔任主席。[23] 鑒於職權相近，中級工藝測試委員會與工藝測試委員會於翌年 9 月合併，由麥炳勳先生擔任主席。[24]

持續新增測試工種

在建立中級工藝測試的同時，建訓局亦持續增加工藝測試的工種，至 2000 年增加至 25 個工種。

機械操作員資歷證明測試方面，建訓局在 1999 年提供龍門式起重機資歷證明測試。因應 1995 年《工廠及工業經營（懸空工作台）規例》而開辦的機械操作員證書及測試課程的資歷認可於 2000 年屆滿，建訓局因而開辦有關操作的重新甄選證書課程。隨着《工廠及工業經營（負荷物移動機械）規例》的實施，建訓局獲得勞工處授權，於 2000 年 12 月為推土機、搬土機、挖掘機作出資歷證明測試。[25]

重新檢討工藝測試制度

2001 年是工藝測試的另一個里程碑。經建訓局與職訓局商討後決定由建訓局獨自承擔所有與建造業相關的工藝測試工作。同年，工藝測試委員會檢討了相關的制度和機制，其中為工藝測試及中級工藝測試題目定下機制，以確保試題能符合實際行業情況及轉變。[26]

2002 年，委員會就是否需要為工藝測試訂立筆試及中工測試再作檢討，認為如有關測試已能全面考核考生的技術水平，則不必設立筆試；倘若工種涉及複雜技術、用料及工具則需要設立中工測試。另外，委員會亦致力增加工藝測試的透明度，並協助工友參與工藝測試，建議拍攝錄影帶介紹測試的內容及技術要求，同時參考政府公開駕駛執照筆試的做法，公開筆試題目及答案，讓工人在考試前練習。[27]

噴塗油漆中級工藝測試

金屬架棚工中級測試：安裝護欄於工作平台上

平水工中級測試：做樓梯墨線

↘ 鋪瓦工工藝測試：清理瓦面　　↘ 鋪地板工（木地板）工藝測試：鋪砌木地板

↗ 水喉工工藝測試：安裝水管　　↗ 敷喉管工工藝測試：球墨鑄鐵管接駁測試

↘　混凝土工藝測試

↗　臨時懸空工作台（吊船）工作人員證書課程的測試部分

↗　履帶式固定吊臂起重機操作員資歷證明測試

工藝測試與工人註冊條例

2004 年，建訓局提供的建築及土木工程工藝測試項目已多達 50 個，其中 27 個為中級工藝測試。[28] 經過十多年的努力，建訓局建立的工藝測試制度已獲得本地工人廣泛的支持、香港各公私營機構的認可，以及境外機構的高度評價和信賴。[29]

建訓局對機械操作員及負荷物移動機械操作員的測試一直力求進步。2001 年，建訓局新增小型裝載操作資歷證明測試。隨着 2004 年 6 月 1 日《2004 年建造業徵款（雜項修訂）條例》生效，委員會積極發展建造業機電工人培訓及技能測試的工作，草擬了 12 項建造業機電工藝測試的內容，並於翌年實行。[30]

此外，政府於 2003 年立法推行建造業工人註冊制度，並於 2005 年實施《建造業工人註冊條例》第一階段。根據條例，工友如通過中級工藝測試，持有證書後可直接申請註冊為同一工種的註冊半熟練技工（中工）。而通過工藝測試及持有技能測試證書，即可申請註冊為同一工種的註冊熟練技工（大工）。為了配合政府的政策，建訓局早於 2001 年已開始擴大測試計劃涵蓋的範圍及舉行測試的次數，盡力在有關法例寬限期屆滿前為業內需要註冊的工人提供工藝測試服務。[31]

2005 年，建訓局成為「建造業工人註冊制度」下的註冊主任，推動建造業工人註冊。同年，委員會按業界建議制定「能力標準說明」，並以資歷架構及國際標準為基礎，檢討所有工藝測試的內容。[32]

建造業議會領導下的工藝測試制度

2008 年，建訓局歸併於建造業議會，根據《建造業議會條例》第六條，有關議會補充職能的第四點明確指出工藝測試的工作：「評核任何人在涉及建造業相關的任何種類的工作方面已達致的技術水平，並就任何該等工作舉行考核及測試、發出或頒發修業證明書或技術水平證明書和訂定須達致的水平。」[33]

自 2010 年起，建造業訓練委員會（建訓會）決定把工藝測試納入「建造業人力方面的投資」計劃，為有志報考工藝測試的工人提供資助。[34]

↘ 幕牆工工藝測試：安裝幕牆

↗ 窗框工工藝測試

↗　鋼筋屈紮工工藝測試

6.5

致力配合「專工專責」的實施（2017 年至今）

踏入 2010 年代，政府有意把 2007 年的《建造業工人註冊條例》下的「專工專責」條文於 2017 年 4 月 1 日正式實施，於是展開一連串的前期準備和研究工作，其中包括自 2014 年整合工藝測試場地，以提升測試量及撥款以資助測試費用等。[35]

「專工專責」條文，即除特定情況外，建造業工人於建造工地獨立從事工種分項的建造工作，必須註冊為相關工種分類的熟練或半熟練技工。[36] 在「專工專責」條文下，建造技工分為五個等級：

1. 註冊熟練技工（指定工種）：持有條例內所指由議會或前建訓局或職業訓練局所頒發的技能測試證書或其他指明的認可資格。（例如其他認可的註冊、證書或牌照等）。
2. 註冊熟練技工（臨時）（指定工種）：申請人尚未有第（1）項的資格但能證明已具備不少於六年親自進行相關工種的工作經驗。
3. 註冊半熟練技工（指定工種）：持有條例內所指由議會或建訓局或職訓局所頒發的中級工藝測試證明書或其他指明的認可資格。
4. 註冊半熟練技工（臨時）（指定工種）：申請人尚未持有第（3）項的資格但能證明已具備不少於兩年親自進行相關工種的工作經驗。
5. 註冊普通工人：持有效平安咭。

為了應付「專工專責」帶來的龐大工藝測試需求，議會作出多項改進工作。2015 年已着手翻新香港仔工藝測試及訓練中心，並推出流動通訊設備報名程式及便利店付款、增加測試崗位數目和提升其流動性，以及改善測試的流程等。[37] 自 2016 年起，香港仔工藝測試及訓練中心的開放時間包括週末及週日在內，以服務更多考生。[38]

↗　2017 年舉行「專工專責」條文啟動禮，同年並推出
　　「專工專責資訊通」流動應用程式

　　2017 年，隨着「專工專責」條文的實施，工藝測試的報名大幅上升。為了提升工藝測試的效益和現代化，議會推行工藝測試電腦化以應付需求。[39] 另外，由於「專工專責」要求某些工種的不同工序均需要從業員擁有指定牌照，議會因此在 2018 年增加工藝測試工種至 150 項。[40] 測試項目大幅增加主要與大工在「專工專責」下分拆成多個工序的牌照有關。例如油漆大工分拆為 11 個項目，包括髹漆及裝飾工（內外牆轆油）、髹漆及裝飾工（批填漆灰）、髹漆及裝飾工（髹乳膠漆）等。[41] 至 2019 年，香港建造業工藝測試項目共有 150 項，包括：一般建造業項目 123 項（76 項大工、47 項中工）、建造業機電項目 27 項（15 項大工、12 項中工），另外設機械操作項目 18 項。[42]

　　截至 2019 年，建造業內已經有 68,007 人次通過工藝測試及 136,970 人次通過中級工藝測試。

　　另外，議會亦提供工藝測試豁免計劃，參與者只需要持有指定資歷，即可申請測試豁免。[43]

6.6
現時工藝測試的設施和流程

2018 年，議會位於香港仔的大樓正式命名為「香港建造業工藝測試中心」
（原為 1989 年落成的香港仔訓練中心），標誌着工藝測試制度邁向新的里程。
為了確立測試中心一直提供具公信力及可靠的工藝技術評核服務，測試中心更設
立了三大服務宗旨，包括公平、可靠、高效率。[44]

為提升工藝測試的效率，香港建造業工藝測試中心裝備了現代化的模組化設
計及可移動的設備，例如機電測試工場內的電工試場，只要更換有關設備，就能
變身為消防設備技工試場。此設備可因應不同工藝測試工種的測試量，有助靈活
彈性安排不同的工藝測試項目。[45]

↗　2018 年香港建造業工藝測試中心正名儀式

↘　引入模組化測試崗位的機電測試工場

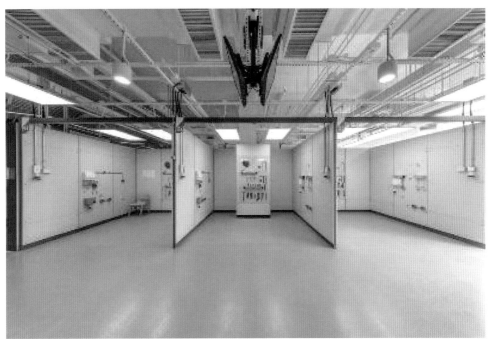

↗　優化後的金屬棚架工測試工場

此外，測試中心增設工藝測試服務中心，並改善設施和服務，例如為考生而設立用餐區、增設更衣室和淋浴室、提供休息區及儲物櫃等。議會希望透過工藝測試服務中心為建造業界提供示範作用，共同提升建造工人的形象，及致力關懷建造業工人，藉此樹立榜樣。

另外，測試中心為改善工藝測試程序，逐步在試場內推行電子化設備，例如設有中央計時系統、電子筆試系統等；木工科測試工場的監考人員更以電子平水儀來評核考生作品，提升了考試的流暢度及準確度。[46]

↘ 工藝測試服務中心為考生而設的
更衣室和淋浴室

↗ 測試工場的中央計時系統

↘　工藝測試服務中心的服務櫃台為考生提供優質服務

↗　工藝測試服務中心的用餐區供考生於測試後休息及用膳

6.7
資歷肯定

　　測試中心的設立，旨在為業界提供獨立及可靠的工藝測試服務、制定技術標準，並協助行業甄選合適的技術人才，希望技術工人從中取得認可資格，以提高技術工人的地位。

　　為了進一步提升工藝測試的認受性、改善工藝測試服務及善用工藝測試資源，議會不但新增中工筆試，而且就工藝測試的申請資格作出調整，包括提高申請者工作經驗的要求，並需要考生提供相關工種的工作證明，鼓勵考生在接受全面培訓及具備足夠的技能水平後才參加工藝測試等。

6.8
提升工藝測試服務質素

　　為了滿足日益增加的工藝測試服務需求及配合建造業的專業化，測試中心以「考生為本」作為持續改善工藝測試相關服務的目標，包括：安排參觀測試中心及舉辦業界諮詢、支援少數族裔、改善工藝測試結構及要求，並加強質素保證，以及員工培訓。

　　同時，測試中心以不同方式增加建造業從業人員對工藝測試的理解，例如藉交流會向不同培訓機構的授藝人員介紹工藝測試相關要求、評估準則、工藝測試支援服務及推介各種測試相關資源，有助建造業工友及各培訓機構了解工藝測試。現時，測試中心推行不同措施以協助有志報考工藝測試的工友，包括：發布工藝測試相關影片、出版簡介小冊子和工藝測試申請表，以及翻譯測試相關資源。

↘　「建造業測試特攻」系列影片

↗　測試中心的測試介紹影片翻譯成英文，並配上
　　少數族裔語言配音，以加強對非華語語系人士
　　的服務支援

小結

自 1990 年代初期至今，工藝測試所覆蓋的工種由最初 6 項增至現時 150 項，工藝測試制度已發展成為一套成熟可靠、獲廣泛認受的制度，為香港建造業定下了工人技術水平的客觀標準。隨着中級工藝測試的確立、「專工專責」的實施及香港建造業的進步，業界對工藝測試的需求及要求有增無減。總結過去三十多年的經驗，工藝測試是推行建造業專業化不可或缺的重要元素。建造業議會在過程中擔當重要的角色，而香港建造業工藝測試中心作為獨立的資歷評核機構，更為建造業制定了可靠及客觀的工藝評級標準。同時，投身建造業的人士，也可透過有系統的培訓，循序漸進考取代表不同技術水平的測試證書，作為入行及晉升的標準。

第七章

英才輩出

建造培訓成就夢想

　　長久以來，香港的學制以公開考試作為評核學生能力的主要標準。在考試中取得理想成績的學生不但能繼續升學，而且可選修心儀的學科，為將來的事業發展鋪路。不過每位學生的能力和興趣也不盡相同，單一的考試制度並不能適用於所有學生，社會亦需要培訓不同方面的人才方能持續發展。早於 1975 年成立的建造業訓練局，其中一個主要目標，就是給予完成中三課程而未能繼續升學的學生一個職業培訓的發展出路。事實上部分學生或因家庭環境限制、或因潛力發展未及、或因興趣在課本以外，而未能融入傳統學制之中。儘管這些學生的成績未能符合升學的要求，但轉換至職業培訓的學習模式後卻往往能大展所長。

　　建造培訓課程正正為學生提供了另一條路徑，開拓未來。從最早期的七個基本工藝課程，發展到今天涵蓋行業絕大部分工種，同時亦包括適用於中三至中六畢業生的一年及兩年制課程，以及大部分不設學歷要求的短期課程，足見香港的建造培訓工作在過去 45 年來一直推陳出新，與時並進。在靈活多元的課程設計下，學員能按個人興趣和需要報讀不同工種、程度各異、長短不一的專業課程。從培訓課程畢業的學員大多數是業界寶貴的生力軍，以堅毅的個人努力推動行業走向現代化及專業化的路向。在芸芸眾多的畢業學員中，不少人秉承傳統工匠精神，在行業內默默耕耘，努力拼搏，慢慢闖出一片屬於自己的天空，成就在傳統學制以外的夢想。本章節分享其中幾位學員的成功故事，展示建造培訓課程如何為年青人開闢專業發展平台，讓學員踏上康莊大道，肩負建造香港的使命。

李德康 [1]

基本工藝課程
泥水粉飾科（1986 年畢業）

李德康於 1984 年中五會考成績未如理想，適逢建造業發展蓬勃，又獲得曾為「三行」工人的父親鼓勵，便決定報讀建訓局課程；可惜心儀的機械維修班額滿，最後選擇基本工藝課程泥水粉飾科。學生沒有繳學費的壓力，當時還可獲每月大約 1,500 港元的津貼。課程理論與實用技巧並重，由工程前期至後期運作都仔細教授，包括工具使用和保養，及砌磚、批盪和鋪瓦三種專業工藝等。李德康仍依稀記得當年每天練習鋪雲石、瓦仔和紙皮石等，每月小考必須掌握「平、整、企、直」的美學原理，對磚塊的顏色和大小同樣要講究。「萬丈高樓從地起」的道理從啟蒙嚴師身上體現，建立牢固的基礎，才能成為未來發展的堅實基石。

1986 年畢業後經建訓局介紹到泥水公司當管工，當時李德康領着每日 60 港元的工資到天水圍作開荒牛，負責監管進度、人手及工料安排。一年多後重投實戰工作，以鋪紙皮石來賺取每日 100 港元。期間經一名大判的指導，開始招兵買馬自尋商機，後來更承接金鐘萬豪酒店大堂的雲石泥水大型項目，成為事業道路上一次關鍵的里程。1992 年加入海洋公園物業部任職管工，李德康負責設備維修工程。後來得到建設部主管的提攜轉戰建設部，至今出任項目經理一職，管理園內國寶級動物棲息所的建造項目，包括鯊魚、大熊貓館、四川金絲猴館和鱘龍館等。工程項目不只以觀賞者為本，更需代入動物的角度來設計舒適的生活環境，門口、平台、食物及溫度等也需要謹慎思量。

　　由前線泥水技工躍升至主題公園項目經理，李德康認為除了建訓局為自己打開一扇窗外，亦需力求進步。他在培訓期間繼續於夜校進修，初入海洋公園時正即將完成理工學院夜間高級文憑課程，其後更取得建築管理學士及工商管理碩士學位，並獲發多項個人專業資格，包括香港註冊測量師、註冊營造師、英國皇家特許測量師及特許建造師認可等。2018 年，李德康當選香港建造學院首屆傑出校友。

　　李德康熱衷培訓下一代建築青年，現擔任香港各大成人教育學院客席講師、香港建造學院「建造人生師友計劃」事業導師及課程委員會委員。他亦看好建造業未來的發展，認為行業持續有人力需求。他指，現代建築物連番被「加改建拆」，使它們加速老化，維修工程亦隨之增加。展望未來陸續推出的土地發展和基建計劃，他認為業界應主動走進校園吸納未來棟樑，以創新模式打破刻板印象，宣傳建造業的多元發展途徑。

孟家榮[2]

建造業管工／技術員訓練課程
營造管工（1994 年畢業）

　　孟家榮生於建造業世家，祖父是一名工程公司東主，父親則是中華電力公司技術員。由於中五會考成績不理想，而他對以技能為主的建訓局課程感興趣，於是跟隨朋友報讀建造業管工訓練課程——營造管工科。管工科着重理論及工藝兼備，學員需來回穿梭不同工場學習油漆、機械和紮鐵等工藝，從而掌

握各項工程的準則與流程。課程職業導向性強，一眾學員皆具清晰事業目標，擁有共同話題及價值觀，導師與學員間也會互通行業資訊，學習氣氛相當愉快融洽。學員亦大多於夜間修讀建造業文憑，打穩理論基礎，以便未來向管理階層進發。

　　孟家榮於 1994 年畢業，正值香港建造業黃金時期，各大工程公司對於有一定知識水平及工藝技術的學徒求才若渴，尤其對「能文能武」的建訓局畢業生甚具興趣。他先後應徵不同工程公司，最後成為新鴻基地產旗下新輝有限公司的管工學徒。當時管工能晉升為工程統籌聯絡員，再通過進修成為工程經理，事業前景可觀。工程統籌聯絡員負責與不同部門及持份者開會，例如業主、建築師、工程師、判頭等，負責溝通、整合、協調等工作，同時與前線監工聯繫。工作性質雖偏重文書，但卻要求對工程運作有透徹理解，所以較大機會晉升為工程經理。

　　建訓局的管工課程畢業生在行內被稱為「讀書仔」，學術水平較一般工友為高。孟家榮深知學歷對事業發展相當重要，所以在取得建造業高級文憑後，報讀遙距學士學位課程；2012 年修讀香港理工大學工程學碩士，現時是註冊工程師及營造師。此外，孟家榮現任建造業零碳天地的董事會成員、香港營造師學會副會長、香港港南獅子會會長，亦有參與小型工程承建商註冊事務委員會、香港建築業協會、香港魯班廣悅堂、香港建造商會中小企業小組等工作，積極回饋業界及為社會出一分力。他強調「三腳凳」發展理論，即知識、行業及社會並存：知識有助深化行業知識與技能，同時要積極參與業內活動提升知名度，最後要回饋社會。2018 年，孟家榮成為香港建造學院首屆傑出校友，充分體現了「三腳凳」的重要性。

　　現職九建工程有限公司副總經理／技術董事的孟家榮，認為建造培訓課程為他日後發展打下良好技術根基，課程內容又能符合行業的實際需要。環顧現時各行各業均崇尚高學歷，而行業要求的實戰技巧則漸漸被忽略。相較之下，他認為建造培訓課程中的師徒關係，能為學員提供更多職業導向指導和經驗傳承，培養專業人才；自己亦曾為城市大學的行業導師，為建造業貢獻一分力。

黃偉倫[3]

建造業管工／技術員課程
屋宇建造（1999年畢業）

　　黃偉倫生於土木工程承建商的家庭，自小跟隨父親出入工地，對建造業產生濃厚的興趣。1999年中五畢業後，他在父親的鼓勵下報讀建訓局的建造業管工課程（屋宇建造），在理論和實踐並重的教學框架下學習屋宇建造工程理論、監督、平水繩墨及測量儀器等多元技能，為投身行業打好根基。他認為課程十分適合自己好動的性格，亦能親身體驗父親工作的辛勞，促進二人的親子關係。初進學堂的黃偉倫自問對這些技藝一竅不通，但除了有賴導師的細心指導外，同學之間亦同情相成，學習事半功倍之餘，也體會到團隊合作的重要性。

　　黃偉倫畢業後當上管工學徒，期間大小事務都需要自己一手包辦和監督，讓他體會到不同崗位的同事會遇到不同的難處，而這些累積的管理經驗有助他未來晉升管理層。工作之餘，他亦不忘繼續進修，在完成高級證書之後，報讀專業文憑和學士學位，繼而考取專業資格，更會在未來兩年完成行政級工商管理碩士課程。黃偉倫現時於協興建築有限公司擔任高級項目經理，帶領一個超過200人的團隊，同事皆來自五湖四海，管理方式需要更靈活。

　　毅然投入建造業超過20年，黃偉倫的個人「成績表」相當精彩。他曾獲得多個獎項，包括傑出學徒、傑出員工、營造師大獎、優秀建造團隊大獎等。他更於2019年當選第一屆建造業傑出青年，代表業界將經驗傳承下一代，吸引生力

軍加入本地建造業。他於 2020 年成為香港建造學院傑出校友，進一步獲得業界認同。黃偉倫曾帶領團隊以創新的方法完成難度甚高的大型項目 —— 西九戲曲文化中心，並以「安全第一」和「以人為本」為座右銘，特以落地玻璃搭建員工休息室，提升員工身心健康。黃偉倫現正着手建造全港工地面積最大的啟德體育園，施工人數超過 4,000 名。他相信每個工程崗位環環相扣，團隊彼此合作無間，是項目成功的關鍵。

黃偉倫認為現時建造業的工作環境無論在安全或衛生方面經已大大改善，新科技的配合亦推進行業發展，而大眾也逐漸改變對行業的刻板印象。現在最迫切眉目的任務，便是招攬有抱負和魄力的年輕人。他希望透過積極參與建造業青年會及建造業學院舉辦的中小學分享會，將個人之心路歷程及豐富的工作經驗與年輕人分享，讓學生了解建造業的同時，更能説服家長讓孩子投身此安全和穩定的行業。對於黃偉倫來説，「一步一腳印，按部就班」是最實用格言，他寄望下一代秉承這個理念，在建造業闖出自己的一片天。

郭志仁 [4]

基本工藝課程
油漆粉飾科（2008 年畢業）

郭志仁自小對顏色的變化及配搭充滿興趣，因此於 2006 年入讀建造業議會為期兩年的基本工藝油漆粉飾科課程。課程除了以生動的模式教授理論和技巧外，亦會涉獵其他工程技藝，相對全面。導師與他亦師亦友，傳授不少人生哲理、地盤文化和自身經驗。在一次義工服務中，他更體會到「即使沒有領

薪水，也要做好每一份工作」的道理。郭志仁於 2008 年的「香港青少年技能比賽」中與其他學員比拼技藝，限時完成貼牆紙、手掃漆、磁油等競賽項目。雖然曾有放棄的念頭，但最終也堅持完成比賽，並榮登三甲。

　　畢業之後，郭志仁經建訓局介紹下擔任油漆學徒。在累積一定工作經驗及人脈後，於 2013 年創立第一間公司。但創業除了講求工藝，更需要業務和人事管理等能力，後來公司不幸被拖數，最後結業收場。2017 年，他捲土重來，不但為公司取得小型工程承建商牌照，個人又修讀環保證書課程，並考取平面設計及立體設計和工藝測試（大工）專業資格。他發現坊間的工程公司有三大弊病，即交付時間、收費透明度及交付手工水準問題。有見及此，他提出公司要有清晰收費的報價單及僱用合專業資格的師傅，成效甚佳，更獲得一個網絡媒體頒發「傑出效益獎」。現時郭志仁的公司還會為長者提供安居計劃，為他們設計安全及舒適的居住環境，回饋社會。

　　除了家居裝修工程外，郭志仁致力工藝創新，發明新產品。他觀察到小朋友喜歡在牆身塗鴉，為家長帶來不少煩惱，但專家亦指出小朋友的創意不應受限制。在兩難的情況下，他與研究團隊發明了特色工藝牆 ──「滙牆」。牆身抗污力強，孩子能繪畫之餘，也可輕易除去顏料。團隊在申請香港及內地專利後仍然不停改良產品，在家居用品展及坊間大獲好評。郭志仁又把「滙牆」捐贈到全港特殊學校，及帶到內地山區，讓當地兒童也能盡情發揮創意。

　　2019 年，郭志仁在林志洪導師的推薦下參加「2019 建造業傑出青年」，在多輪面試後成功當選。2020 年，他再當選為香港建造學院第二屆傑出校友。為回饋學院，他僱用不少師弟，讓他們有多元發展機會。他亦成為工藝測試委員會成員，為行業的專業資格把關。回顧在建訓局的歲月，郭志仁除了學習工藝及知識外，亦學會遵守專業操守及洞悉行業流弊。現時行業的形象已得到改善，學院課程亦與時俱進，並獲得資歷架構認證，讓畢業生將來能銜接更多進修機會，逐步晉升為工程師及管理人員，前景明朗。

黃美詩 [5]

基本工藝課程
油漆粉飾科（2015 年畢業）

　　黃美詩在熱衷維修傢具的父親薰陶下，自小對建築工藝產生興趣。她於 2014 年中學文憑試後希望學懂一門終身受用的技能，於是報讀建造業議會的基本工藝課程油漆粉飾科。由於高中時曾修讀視覺藝術科，她明白油漆科中技術及美感的重要性。課程十分全面，有傳授批灰、劃底、牆紙、髹漆等技藝，亦會講解理論和工地文化，更安排實習機會。起初家人希望她投身美容或酒店等較女性化的服務行業，自己亦擔心建造業的工作環境過於苛刻，但最後發現自己能應付自如，甚至比男生更刻苦耐勞。議會鼓勵學生習成後持續進修，她亦曾修讀平水工、搭建棚架及金屬棚架等專科。導師有如父親般對學生照顧有加，經常分享人生經驗。她雖是班內唯一的女性學員，但導師依然一視同仁，同學之間更會切磋手藝，相處融洽。

　　畢業後，黃美詩先到物料回收轉運站肩負維修工作，及後因對藝術髹漆有興趣，故經過三輪面試後加入香港迪士尼樂園工程部成為維修人員。她嘗試將導師傳授的髹漆技術與藝術結合，多加鑽研調色、繪圖、分線等技巧。由於迪士尼員工必須兼顧酒店、樂園、工場、迪欣湖等場地設施維修，任務涉獵不同知識範疇，所以她髹漆粉飾樂園之餘，還要跟同事們學習水泥技術。

　　為了展示女生也能成為髹漆巧匠，黃美詩決定參加「香港青年技能大賽」，於賽前一個月利用工餘時間回到上水院校跟導師練習。比賽講求基礎穩固、速

度、美感、體能和心理質素，最後她成功打入三甲。經歷一系列挑選後，成功代表香港到阿拉伯聯合酋長國的阿布扎比參加「世界技能大賽」。

黃美詩在參加世界賽之前辭去正職，接受一年密集式訓練。她除了每天重複練習比賽項目外，還需要接受心理及體能培訓。議會邀請了曹星如、黎志偉等運動員協助攀山訓練體能及心理質素，賽前更游繩攀越獅子山，亦安排她與俄羅斯選手舉行練習賽。世界技能大賽的節奏十分緊湊，二十多國選手需要就多個項目較量，譬如在限期內貼牆紙、混合出指定顏色、髹出指定圖案等，最後要自創粉飾一幅牆壁。評分標準講求牆身光滑均勻、線條筆直，亦要求施工迅速。雖然她最後未能贏取獎項，但卻得到人生寶貴經驗及工藝技術的提升。

完成比賽後，黃美詩回到議會成為實習生，一年之後晉升為助理。她負責協助導師教學工作之外，亦要學習處理行政、採購等工作，現時每年最少還要到地盤實習三個月，汲取地盤工作經驗；在與師弟妹交流工藝技術之餘，還可以為日後成為師傅累積經驗。

小結

建造培訓是支撐香港建造業蓬勃發展的重要基石，為行業提供了數以十萬計的從業員，凝聚力量，共同為建造香港出一分力。當中不少前線從業員從中找到個人的興趣、理想及目標，繼而積極投入工作，努力不懈地進修，從行業前線漸漸晉升至管理階層。事實上，昔日「工字不出頭」的想法在現今的知識型社會已變得不合時宜。現時建造培訓課程種類繁多，井然有序，為從業員提供了完善的晉升階梯。通過持續的專業培訓，從業員能在工作崗位大展所長，成就夢想，充分體現出「行行出狀元」的發展空間。

第八章

德 技 傳 承

香港建造培訓的工作及展望

香港建造培訓的工作

與時並進配合業界發展

建造業訓練局自 1975 年成立，至 2008 年歸併於建造業議會，及後香港建造學院於 2018 年成立，培訓工作從未間斷，迄今共歷 45 載，不但改變了業界固有的運作模式，並成功發展了一套結合全人教育及建造工地作業模式為基礎的建造技術和管理培訓。過往的學徒培訓標準不一，又基於分判制度，建造行業聘請工人以散工為主，建築地盤的工作完成後，工人解散。另外，涉及不同工種的工程分配給不同的分判商；在工程期限下，承建商或分判商難以提供全面及連貫的工藝培訓。建訓局為行內提供統一培訓及優質教學，以回應工程增長帶來的工人短缺和質素參差等問題。[1]

隨着時代的轉變，社會對知識型工人的需求增加。有見及此，建造業議會於 2018 年成立香港建造學院，主力培訓知識型技術人才。香港建造學院的成立，標誌着香港建造培訓邁向更專業化的道路。學院成立初期，為更深入了解社會持份者對建造培訓的看法，於 2018 年進行一項調查，向受訪學生、家長、教師和公眾人士收集意見。當中 95% 受訪者認為成立香港建造學院對推動香港建造業的發展有幫助；93% 認同建造業是一個專業的行業；80% 認為加入建造業有前途，可見學院的課程切合持份者的需要和期盼。[2]

推動新技術

建造業近年面對很多挑戰，例如生產力下降、建造成本高昂、勞動人手短缺、工地安全表現欠佳等。為保持競爭力及吸引新血加入，建造業必須尋找新建造方法和操作方式；創新科技是其中一條出路。[3] 政府於 2015 年成立創新及科技局，專責香港的創新科技及資訊科技發展政策，推動科學及科技。2018 年，發展局推出「建造業 2.0」，撥款 10 億港元予建造業創新及科技基金，以促進建造行業的企業和從業員採用新技術，並支援行業掌握創新科技。[4]

近年，議會積極發展新建築技術，支持採用「組裝合成」建築法（MiC），為傳統的工地作業方式提供環保、安全、省時和精明的替代方案。通過在受控的廠房環境下預先製造獨立的「組裝合成」組件，再於工地組裝成建築物，能突破傳統的工地作業方式，為建造過程的創新設計帶來無限機遇。2019年12月，議會與發展局攜手舉辦了「建造創新博覽會——『組裝合成』建築法國際研討會」，邀請了多位來自內地、英國、美國、新加坡和澳洲等地的知名國際及本地講者分享他們的經驗。[5]

學院為配合業界對創新科技的人才需求，分別於2014年及2019年推出建築信息模擬（BIM）及「組裝合成」建築法（MiC）的培訓課程。[6]

改革學院培訓模式

建訓局的成立象徵建造業培訓邁向系統化。以往，香港建造業採取師徒制，學徒跟師傅「邊學邊做」。然而，這種模式較偏重技術培訓，並未顧及理論知識的同步發展。加上，隨着香港工程數量及規模上升，政府很快意識到沿用傳統師

↗ 2019年「組裝合成」建築法國際研討會開幕

徒制，以行業培訓人才的方法，長遠來說並不足以應付香港城市的急速發展和擴張。[7] 故此，政府於 1975 年設立建造業訓練局，開啟學院培訓模式的雛型。時至今日，學院制是香港建造培訓的主流模式，現在絕大部分的新入行從業員都是學院的畢業生。[8]

有別於傳統的師徒制，學院制除了教授學員理論及知識，亦不乏提供技術層面的培訓，更為學員提供工地實習的機會，讓他們親身接觸業界的工作。因此，學院為學生提供的培訓，理論與技術並重，獲得業界肯定和認同。[9] 學院的一年及兩年全日制課程亦根據香港學術及職業資歷評審局的資歷架構系統改革課程內容，以便與香港的主流教育制度接軌，讓建造業培訓與香港職業教育發展共同邁步向前。

提升行業安全知識

建造業一直被視為「高風險」的行業，職業傷亡數字經常在眾多職業中居前列位置。根據勞工處在 1982 年的統計數字，當年香港共有 19,506 宗與建造業

↗ 安全體驗訓練中心模擬建築工地情境，
提升學生安全意識

有關的職業受傷個案，佔所有職業總和的 27.4%；死亡數字為 86，佔 35.1%。這兩項數字都高踞百業之首，1980 年代的建造業安全問題之嚴峻可見一斑。[10]

1980 年代起，香港社會開始關注職業安全，政府亦於 1988 年成立職業安全及健康局，致力改善職場環境，減少意外。有見及此，建訓局配合政府推動職業安全訓練。例如，建訓局於 1986 年和香港建造商會及勞工處合辦「建造業安全主任課程」，並於 1996 年獲勞工處認可開辦「建造工友安全訓練課程」。[11] 1997 年，建訓局更於香港仔的訓練大樓設置安全訓練中心。[12] 直至 2007 年，建造業議會成立，其中一項主要職能就是改善業界安全。[13]

近年，學院積極發展新科技，並將這些科技投入職業安全的教學課程內。2019 年，學院於葵涌院校設立建造業安全體驗訓練中心，中心佔地約 280 平方公尺，並由八個不同的事故模擬訓練區域組成，以模擬建築工地的真實事故情境。安全體驗訓練中心的成立是由傳統訓練模式向前邁進一步，透過提供更切實有效的訓練和事故模擬情境，以提升參加者的安全知識和推廣工地環境安全。[14]

提升學生自豪感

香港建造學院於成立時，已委託本地著名設計師及藝術家黃炳培先生（又名又一山人）設計學院院徽，以提升學生對學院的歸屬感。院徽設計蘊含了中國古代「天圓地方」的宇宙觀及中國傳統木結構「榫接」工藝。方形底座代表紮實的根基，以專業技能和知識為本；中間晶瑩通透的支柱和綠色圓點代表進步和希望，引領學生邁向成功和卓越。[15]

為提升學生的自豪感，學院以「築以自豪」為校歌主題，並舉辦讓職員及學生參加的校歌填詞比賽，以加強他們對學院願景、辦學理念及校訓的認識。

學院自成立以來，一直以不同的方式鼓勵學生回饋社會。近年，學院透過「建造業運動及義工計劃」履行企業社會責任。在該計劃下，學院為業界從業員及學生提供各種各樣的體育運動和志願服務機會，以實踐健康與關愛的生活模式。[16] 2018 年 9 月，香港遭受強烈颱風「山竹」的吹襲，全港多處有塌樹、水浸等嚴重破壞。有見及此，超過 40 隊來自香港建造學院及建造業界的義工團體，於風災後

出動處理各區急需的善後工作，包括清理塌樹及廢物、提供維修服務，以及修葺工程等。為弘揚「建義勇為」的精神並表揚業界義工，「建造業運動及義工計劃」特別把業界義工在風災過後於全港各區所作的義舉輯錄成專輯。[17]

↘　院長黃君華博士工程師於校歌填詞比賽頒獎禮上
　　與各得獎者、評審委員及嘉賓合照

歡迎掃描此碼欣賞
香港建造學院校歌

↗　2018 年上水院校師生自發為天平山村
　　居民清理颱風「山竹」吹襲後的塌樹

8.2
展望將來

跨地域合作及交流

　　隨着粵港澳大灣區建設的推展，三地的建造業合作必然會進一步深化，[18] 由香港、珠海、澳門三地共同合作興建的港珠澳大橋是最佳例子；加上近年香港社會事件和新冠肺炎疫情影響，經濟低迷，業界領袖認為香港建造業應放眼於大灣區的發展。[19]

　　有見及此，學院近年積極與內地培訓機構聯繫，為學員提供大灣區的培訓及考察機會。於 2020 年 1 月 13 日在廣州市教育局舉行的穗港職業教育合作項目簽約儀式就是好例子。根據協議，廣州市教育局將與香港建造業議會在搭建兩地建築業職業教育交流平台、參加世界技能大賽、開展技術技能人才培養等領域深化合作，並逐步推進廣州建築職業院校與香港建造學院在兩地聯合建設培訓基地。這種種的發展及安排，都是為了培養學生具備跨地域發展的眼界及能力，為未來兩地的共同發展打好根基。[20]

↗ 穗港職業教育合作項目
　簽約儀式

↗ 粵港澳大灣區考察之旅

此外，自 1997 年起，建訓局的學生已開始參加兩年一度的世界技能大賽，與國際的工藝人才切磋。為提升社會對建造業技術人才的認同，建造業議會於 2020 年主辦第一屆香港建造業技能大賽，透過技能比賽提高業界從業員的工藝技術水平，並表揚各工藝項目中具有優秀技術水平的人才。[21]

推動職業專才教育

政府近年致力推廣職專教育，鼓勵年輕人按自己的能力和興趣選擇升學出路及加入不同行業，並於 2018 年成立推廣職業專才教育專責小組，以更有針對性的檢討及考慮在香港加強推廣職專教育。小組於 2020 年向政府提交檢討報告，提出共 18 項建議，聚焦四大範疇，包括加強在中學推廣職專教育、加強在高等教育推廣職專教育、建立職業進階路徑，以及進一步加強推廣。[22]

↗　第一屆香港建造業技能大賽青年
　　組各項目冠軍得主

↘ 學院訓練場提供各個工種的技能訓練，培訓年青人
投身建造行業

↗ 學院為協助學生準備出戰 2022 年世界技能大賽，
邀請著名單車選手分享比賽備戰經驗

另外，團結香港基金亦曾就香港教育問題發表了研究報告，強調教育制度應該照顧學生多元學習和發展需要，幫助青年發揮潛能，提升他們的就業能力；並建議香港參考德國、瑞士推行雙軌制，鼓勵年青人投身技能工業界。[23]

德國對技術人員的培訓非常重視，每年均有超過三分一的初中畢業生，選擇職業教育，以學徒方式，「邊學、邊讀、邊做」，有系統地接受培訓，成為理論和實踐兼備的前線技術人員。[24]

有見及此，建造業訓練委員會、香港建造學院管理委員會及學院管理層於2019 年特地到德國及瑞士參訪，了解兩地的職業專才教育及學徒制度，以期將當地成功的職專教育經驗引入香港。[25] 2020 年正值香港建造培訓 45 周年，學院更舉行論壇，邀請專家和學者就建造培訓及職業教育分享經驗和建議，加強公眾人士對職專培訓的認識。[26]

嚴謹機制回應業界需求

2020 年上半年，受到新冠肺炎疫情及社會運動的影響，香港經濟嚴重倒退，加上大型基建已陸續完成，社會對近年積極培訓新血的建造業，會否出現人手過剩的問題產生憂慮。事實上，建造業在不同崗位上仍有不少空缺。以電工及油漆工人為例，除了建築工程有需求，舊樓的維修及保養工作同樣缺乏人手，加上行業工人平均年齡有上升趨勢，業界對新人有一定需求。建造業訓練委員會轄下設有議會人力預測模型更新及提升研究專責小組，為建造業制定人力策劃及發展，並定期估算人手的需求。學院的課程顧問組亦有業界人士參與，包括建造業僱主及工會代表等，適時因應市場需要就課程內容及學額作出調整。[27]

學徒計劃

要吸引年青人選擇職專教育，完善的學徒計劃不可或缺。財政司司長在2019 年財政預算案中公布，撥款二億港元擴大建造業學徒計劃和提高學員津貼，以涵蓋更多人手短缺的工種。[28] 為配合新政策，建造業議會於 2019 年 9 月推出了「認可技術專才培訓計劃」，鼓勵學院畢業生與僱主簽訂學徒合約及推動長期聘用的精神；學徒更可獲資助持續進修，拓展前景。該計劃於 2020 年撥歸香港建造學院管理。[29]

↗ 議會及學院管理層於 2019 年到德國 EBL Bildungszentrum Frankfurt 參觀及交流

↗ 議會及學院管理層於 2019 年參觀瑞士 École de la Construction 時留影

　　學院計劃於未來與僱主加強合作，共同栽培投身建造業的年輕人，透過有系統的學徒管理計劃，讓學院畢業生按部就班由中工晉升為大工資歷，加強業內留職率。此外，學院正尋求政府進一步支持「認可技術專才培訓計劃」，推動公營機構如房屋署、香港機場管理局等的支持，將計劃納入其工務工程合約的培訓要求。[30]

課程變革藍圖

提供基礎能力科目

　　香港建造學院一直以來與職業訓練局合作，由職訓局為學員提供基礎能力科目，如中文、英文、數學及資訊科技等。然而，職訓局的校舍地點分別坐落於屯門及摩利臣山，對部分學生而言，要到兩間學院不同分校上課並不理想。[31] 為了方便學員，學院決定把所有基礎能力科目改由學院教授，於是開始聘用導師，並計劃於 2021 年第三季，由建造證書課程開始，加設基礎能力科目。[32] 學院更期望於 2022 內可以把基礎能力科目涵蓋所有全日制一及兩年課程。[33]

資歷架構

　　資歷架構認證是令香港建造學院的課程與香港教育制度接軌的重要一步，為畢業生開拓未來的進修階梯。學院自成立以來陸續為課程作出資歷架構評審，截至 2020 年中已有八項課程取得資歷架構第三級別，[34] 包括六項全日制建造文憑及兩項兼讀制安全督導相關課程。[35] 現時，學院正發展可銜接第二級至第四級資歷架構的課程內容及授課模式，為畢業生提供「一條龍」的進修階梯。（第二級課程是培訓優質技術水平的工人，第三級課程培訓知識型的工人，第四級課程則培訓監工。）[36] 香港建造學院的成立，象徵着優化建造業培訓，並主力培訓第三級的知識型工人。這些工人具備較全面的技能，有較良好的書寫和分析能力，能夠滿足市場的需求。[37] 此外，獲得第三級資歷的學員可選擇進修至第四級資歷，以晉身專項監工的行列。[38] 未來，學院會繼續為課程向香港學術及職業資歷評審局申請資歷架構評審，[39] 並已計劃於 2021 至 2022 學年，提供資歷架構第二級、涵蓋不同工種的建造證書課程，同時計劃於 2022 至 2023 學年推出資歷級別第四級的「建造專業文憑－專門行業」及「高等文憑」課程，為畢業生鋪排日後可升讀應用學士學位課程的持續進修途徑。

「一條龍」進修階梯

　　香港建造學院目前的證書課程、文憑課程和高等文憑課程皆為最終資歷，並無銜接機制，未能為畢業生提供完整的進修階梯，因此學院近年銳意在這方面作出改進。

　　為此，學院正為現有建造證書、建造文憑及高等文憑畢業生制定「一條龍」進修途徑。透過與僱主合作，學生在全日制課程畢業後成為學徒，可一邊工作累積經驗及技術，一邊兼讀學院更高資歷級別的課程。兼讀制模式（日間或晚上）一方面修補現有制度不足之處，讓有志的畢業生可以由中級技工晉升至工地管理人員或更高階層；同時，為學院全日制課程畢業生提供銜接機制和完整的進修階梯，有效地協助他們在建造業穩步攀升和發展，從而落實學院願景及辦學理念。[40]

↘ 「建造業議會認可技術專才培訓計劃」啟動儀式

↗ 首屆建造業傑出學徒頒獎禮

宣揚巧匠精神

由建造業訓練局發展至今日的香港建造學院，45年來見證香港建造業界的變遷。建造業議會執行總監鄭定寧認為，儘管業界在職業安全、技術評核等各方面都經歷了重大的變化，對從業員專業精神的要求卻是始終如一。香港建造學院一直堅守及宣揚巧匠精神，希望學生除了擁有專業技術及知識外，還對建造業的工作有一顆熱誠的心。為此，學院透過全人教育，幫助學員建立正確價值觀，培養品格。鄭定寧又指出，香港現今的建造業與以前有很大的差別：昔日在香港工作收入來源比較單一，從業員多能專注於建造業的工作；時至今日，賺取收入的渠道多了，年青人對工作生活之間的平衡有所要求，從業員的工作心態未必如上一代般專注於提升技術水平。他認為學院需要加強推廣匠人精神，培養學員對工作的熱誠，從而提升整個行業的技術水平。[41]

↗　鄭定寧總監於2017年遠赴阿布扎比為世界技能
　　大賽選手打氣，宣揚匠人精神

小結

由建造業訓練局到香港建造學院，作為業界最具規模的培訓機構，在過去 45 年間作育無數業界英才。香港建造學院的成立，更標誌建造培訓邁向專業化的道路。配合資歷架構、全人教育及創新科技，學院致力改造從業員的形象，將以往被視為「藍領」的建造業從業員，打造成為知識型技術人才。學院亦進一步為畢業生提供進修藍圖，給予他們自我增值的階梯，逐步晉升至管理層行列。展望未來，香港建造學院會繼續提升教育及培訓質素，持續革新，朝學院的願景努力，為香港建造業培育有專業技術、有理論基礎、有安全意識、有創新意念、有工作熱誠的優秀團隊，肩負起建造香港的使命。

注釋

前言

1　香港大學工程學院網站：https://aal.hku.hk/admissions/international/gallery?page=sc/faculty/%E5%B7%A5%E7%A8%8B%E5%AD%A6%E9%99%A2，瀏覽於 2020 年 11 月 20 日。
2　「理大簡介」，香港理工大學網站：https://www.polyu.edu.hk/web/tc/about_polyu/history/，瀏覽於 2020 年 11 月 20 日。
3　香港大學建築學院網站：https://www.arch.hku.hk/about/history/，瀏覽於 2020 年 11 月 20 日。
4　「理大簡介」，香港理工大學網站：https://www.polyu.edu.hk/web/tc/about_polyu/history/，瀏覽於 2020 年 11 月 20 日。

第一章

1　在澳門有一設於當地最早的工會會所「上架行會館」，創辦於清道光初年。當中的「上架行」，所指即建造業中的木藝行、搭棚行及打石行。參考澳門特別行政區政府旅遊局網站：https://www.macaotourism.gov.mo/zh-hant/suggested-tours/footsteps-into-the-historic-centre/carpentryguildhall，瀏覽於 2020 年 11 月 20 日；何佩然：《班門子弟：香港三行工人與工會》（香港：三聯書店，2018），頁 6。
2　〈緒論〉，林徽因執筆、梁思成著：《清式營造則例》（北京：清華大學出版社，2006），頁 13、21。
3　〈北城侯魯班先師史記〉，《香港廣悦堂慶祝魯班先師寶誕徵信錄》（香港：魯班廣悦堂，2019），頁 8。
4　同上。
5　建造一站通網站：〈廣悦堂簡介〉，2018 年，https://www.builderhood.com/industry-news-tags/廣悦堂，瀏覽於 2020 年 11 月 20 日；《香港廣悦堂慶祝魯班先師寶誕徵信錄》，頁 5。
6　西環魯班廟：〈紀功誌德〉，載於科大衛、陸鴻基、吳倫霓霞合編：《香港碑銘彙編》第 2 冊（香港：香港市政局，1986），頁 462−463。
7　〈本港三行工友 昨慶祝魯班誕〉，《華僑日報》，1957 年 7 月 11 日。
8　口述歷史訪問，勞鑑先生，2020 年 1 月 15 日。
9　香港魯班廣悦堂網站：〈魯班先師歷史簡介〉，2019 年，http://www.lopan-kyt.com/index.do，瀏覽於 2020 年 11 月 20 日；〈建築行熱烈慶祝 工友休息工會歡宴〉，《工商晚報》，1960 年 7 月 6 日。
10　同上。
11　口述歷史訪問，勞鑑先生，2020 年 1 月 15 日。
12　「規矩定方圓、準繩分曲直」最早可見《孟子 · 離婁上》：「離婁之明、公輸子之巧，不以規矩，不能成方圓。」離婁相傳是黃帝時期的人，其眼力之強，能於百步之外望見秋毫之末；而公輸子即為魯班，擁有高超的工藝技巧，但即使擁有離婁和魯班的才華，如果不用圓規和曲尺等工具，也一樣不能畫出圓形和方形來，比喻使用工具的重要。
13　《香港廣悦堂慶祝魯班先師寶誕徵信錄》，頁 5。
14　古物古蹟辦事處網站：〈魯班先師廟歷史〉，2019 年，https://hktais.amo.gov.hk/hktais/VBldGeneralInfo1Action.do?method=view&page=History&complexCode=sai1m1&localename=HK，瀏覽於 2020 年 11 月 20 日；何佩然：《班門子弟：香港三行工人與工會》，頁 100−101。
15　口述歷史訪問，勞鑑先生，2020 年 1 月 15 日；劉美群主編：《廣悦堂基悦小學文集》（香港：廣悦堂基悦小學，2006），序。
16　口述歷史訪問，勞鑑先生，2020 年 1 月 15 日；《香港廣悦堂慶祝魯班先師寶誕徵信錄》，頁 9。
17　口述歷史訪問，潘杜泉先生、蔡鎮華先生、馮堅礎先生，2019 年 8 月 15 日。

18　以泥水行業為例，在 1950 至 1960 年代存有工會大約有 10 個，許多都是在戰前成立，其中最早成立的廣義堂（現名為香港坭水建築業職工會），迄今已有 130 多年的歷史，載於何佩然：《班門子弟：香港三行工人與工會》，頁 197、199。

19　何佩然：《班門子弟：香港三行工人與工會》，頁 45。

20　當時來自客家的石工、廣東四邑的泥水、木匠及來自肇慶、高要的搭棚工均各自組建會社或堂會組織，彼此或締結同盟，互相扶持，載於魯班廟廣悅堂建築業工商行編：《堂友名冊簿》（香港：魯班廣悅堂，1960），見何佩然：《班門子弟：香港三行工人與工會》，頁 60。

21　何佩然：《班門子弟：香港三行工人與工會》，頁 97。

22　口述歷史訪問，朱延年工程師，2019 年 7 月 11 日；口述歷史訪問，譚景良工程師，2019 年 8 月 2 日；口述歷史訪問，詹伯樂（James Blake）工程師，2019 年 8 月 29 日。

23　"Specialists in reinforced concrete", *Hong Kong Daily Press*, 1924-06-20；劉智鵬：《鐵漢柔情：香港建築扎鐵業發展史》（香港：中華書局，2018），頁 30。

24　"Specialists in reinforced concrete", *Hong Kong Daily Press*, 1924-06-20.

25　何佩然：《築景思城：香港建造業發展史（1840—2010）》（香港：商務印書館，2011），頁 140。

26　同上。

27　口述歷史訪問，陳家駒先生，2019 年 5 月 30 日；口述歷史訪問，司徒拔先生，2019 年 7 月 30 日。

28　口述歷史訪問，陳家駒先生，2019 年 5 月 30 日；劉智鵬：《鐵漢柔情：香港建築扎鐵業發展史》，頁 51。

29　口述歷史訪問，謝振源先生，2019 年 8 月 16 日。

30　口述歷史訪問，謝振源先生，2019 年 8 月 16 日；口述歷史訪問，陳家駒先生，2019 年 5 月 30 日。

31　口述歷史訪問，陳劍光先生，2019 年 8 月 1 日。

32　口述歷史訪問，何世柱先生，2019 年 8 月 28 日；劉智鵬：《鐵漢柔情：香港建築扎鐵業發展史》，頁 51。

33　口述歷史訪問，陳劍光先生，2019 年 8 月 1 日。

34　口述歷史訪問，陳劍光先生，2019 年 8 月 1 日；口述歷史訪問，謝振源先生，2019 年 8 月 16 日。

35　口述歷史訪問，潘杜泉先生、蔡鎮華先生、馮堅礎先生，2019 年 8 月 15 日。

36　口述歷史訪問，蕭樹強先生、曾燈發先生、陳落齊先生、莫想深先生，2019 年 9 月 5 日。

37　口述歷史訪問，伍新華先生，2019 年 7 月 30 日。

38　何佩然：《班門子弟：香港三行工人與工會》，頁 151、191。

39　口述歷史訪問，陳劍光先生，2019 年 8 月 1 日。

40　劉智鵬：《鐵漢柔情：香港建築扎鐵業發展史》，頁 50；口述歷史訪問，何世柱先生，2019 年 8 月 28 日；口述歷史訪問，陳劍光先生，2019 年 8 月 1 日。

41　口述歷史訪問，莫炳林先生，2019 年 7 月 23 日；口述歷史訪問，勞鑑先生，2020 年 1 月 15 日。

42　口述歷史訪問，謝振源先生，2019 年 8 月 16 日。

第二章

1　政府統計處：《一九九六年中期人口統計 —— 主要報告》（香港：香港政府印務局，1996），頁 19；馮邦彥：《香港地產業百年》（香港：三聯書店，2001），頁 55。

2　馮邦彥：《香港地產業百年》，頁 102。

3　同上。

4　劉智鵬、劉蜀永編著：《香港史：從遠古到九七》（香港：香港城市大學出版社，2019），頁 376－378。

5　Economic Analysis Division, Colonial Secretariat, Report of The Load of Construction Industry, 26th March, 1976, 9-10. HKRS163-8-123.

6　黎澤鑾（Horace R. Knight）：〈工業教育及訓練 —— 香港的經驗〉，載於澳門行政公職局：《行政》（澳門：澳門行政公職局行政雜誌編輯部，1989），1989 年第 2 卷第 2 期，頁 299－300。

7　同上。

8　工業學院和職業先修學校的課程，較為側重初級技能教育，職業先修學校是工業中學，即初中課程會包括工業等實用科目。至於工業學校將為在職業先修學校或其他學校完成中三階段後離校的

學生，提供相當數目之學位，使這些學生能獲得全日制的工業訓練。引自社會事務司：《香港未來十年內之中等教育教育白皮書》（香港：香港政府印務局，1974），頁 5－6。

9   立法會秘書處資料研究組：《香港職業教育發展的回顧》，引自 https://www.legco.gov.hk/research-publications/chinese/1415in15-review-of-development-of-vocational-education-in-hongkong-20150813-c.pdf，頁 1－2，

10 〈一年來之香港教育〉，《香港年鑑（1972 年）》（香港，華僑日報，1973），頁 77。

11 〈一年來之香港勞工〉，《香港年鑑（1975 年）》（香港，華僑日報，1976），頁 106。

12 經濟多元化諮詢委員會，民政署中文版：〈教育與訓練〉，《一九七九年經濟多元化諮詢委員會報告書》（香港：香港政府印務局，1979），頁 140。

13 黎澤鑾（Horace R. Knight）：〈工業教育及訓練——香港的經驗〉，載於澳門行政公職局：《行政》，1989 年第 2 卷第 2 期，頁 301－302。

14 Economic Analysis Division, Colonial Secretariat, Report of The Load of Construction Industry, 26th March, 1976, 9-10. HKRS163-8-123.

15 Construction Industry Training Authority, Discussion Paper No. 1/75- Committees and Staffing, 1975. HKRS2165-1-113.

16 Economic Analysis Division, Colonial Secretariat, Report of The Load of Construction Industry, 26th March, 1976, 9-10. HKRS163-8-123.

17 Speech by Hon. G. Barnes, JP, Secretary for Lands & Works, at the 10th Anniversary Dinner of the Construction Industry Training Authority on 17th November 1986. HKRS-2165-1-54.

18 〈工業教育與工業脫節因兩者間未能配合〉，《華僑日報》，1969 年 9 月 30 日。

19 葉謀遵博士太平紳士訪問，《繼往開來二十年：建造業訓練局二十週年紀念特刊》（香港：建造業訓練局，1996），頁 12。

20 Big loan sought for builders' training centre , South China Morning Post, 2nd November,1975. HKRS457-3-125；口述歷史訪問，陳家駒先生，2019 年 5 月 30 日。

21 Discussion Paper No.1/75- Committee and Staffing (Sept 1975), 1975. HKRS2165-1-113.

22 〈建造業訓練局主席葉謀遵博士太平紳士於一九八六年十一月十七日舉行之建造業訓練局十週年紀念致詞全文〉，1986 年，HKRS-2165-1-54。

23 同上。

24 Speech by Hon. G. Barnes, JP, Secretary for Lands & Works, at the 10th Anniversary Dinner of the Construction Industry Training Authority on 17th November 1986. HKRS-2165-1-54.

25 Big loan sought for builders' training centre, South China Morning Post, 2nd November,1975. HKRS457-3-125.

26 經濟多元化諮詢委員會，民政署中文版：〈教育與訓練〉，《一九七九年經濟多元化諮詢委員會報告書》，頁 141。

27 黎澤鑾（Horace R. Knight）：〈工業教育及訓練 ——香港的經驗〉，載於澳門行政公職局：《行政》，1989 年第 2 卷第 2 期，頁 299－300。

28 Committee of Staff Establishment of the CITA, 1st Report, 16th October, 1975. HKRS457-3-122.

29 建造業訓練局：《建造業訓練局一九七七年年度年報》（香港：建造業訓練局，1978），原著頁數從缺。

30 《繼往開來二十年：建造業訓練局二十週年紀念特刊》，頁 27－28。

31 Industrial Training (Construction Industry) Ordinance 1975, in Official Report of Proceedings, Hong Kong Legislative Council, 17th December 1975, pp.335-338.

32 根據 1997 年 6 月 30 日以前發布的香港法例第 317 章《工業訓練（建造業）條例》，電子版香港法例網站，https://www.elegislation.gov.hk/hk/cap317!zh-Hant-HK@1997-06-30T00:00:00，瀏覽於 2020 年 11 月 20 日。

33 LAU So-yee, An Analysis of Bureaucratic Power and Agency Autonomy: A Case Study of theConstruction Industry Training Authority, Dissertation of the University of Hong Kong, 2002, pp.45-53.

34 根據 1997 年 6 月 30 日以前發布的香港法例第 317 章《工業訓練（建造業）條例》，電子版香港法例網站，https://www.elegislation.gov.hk/hk/cap317!zh-Hant-HK@1997-06-30T00:00:00，瀏覽於 2020 年 11 月 20 日。

35 建造業訓練局：《建造業訓練局一九七七年年度年報》，原著頁數從缺。

36 Minutes of the First Meeting of Provisional Construction Industry Training Authority, 29th July 1974. HKRS411-2-34.

37 Minutes of the First Meeting of Provisional Construction Industry Training Authority, 29th July 1974. HKRS411-2-34; Committee of Staff Establishment of the CITA, 1st Report, 16th October,

1975. HKRS457-3-122.

38　Committee of Staff Establishment of the CITA, 1st Report, 16th October, 1975. HKRS457-3-122.

39　根據 1997 年 6 月 30 日以前發布的香港法例第 317 章《工業訓練（建造業）條例》，電子版香港法例網站，https://www.elegislation.gov.hk/hk/cap317!zh-Hant-HK@1997-06-30T00:00:00，瀏覽於 2020 年 11 月 20 日。

40　建造業訓練局：《建造業訓練局一九七七年年度年報》，原著頁數從缺。

41　建造業訓練局：《建造業訓練局一九七八年年度年報》（香港：建造業訓練局，1979），頁 19。

42　Committee of Finance of the CITA, 1st Report, 10th October, 1975. HKRS457-3-122.

43　Motion by the Honourable I. R. Price, T. D., J. P., Commissioner for Labour at the Legislative Council on 17th December 1975. HKRS457-3-122.

44　Motion by the Honourable I. R. Price, T. D., J. P., Commissioner for Labour at the Legislative Council on 17th December 1975. HKRS457-3-122；Letter of Industrial Training (Construction Industry) Ordinance, 24th February 1976. HKRS457-3-122.

45　口述歷史訪問，詹伯樂（James Blake）工程師，2019 年 8 月 29 日。

46　Committee of Staff Establishment of the CITA, 1st Report, 16th October, 1975. HKRS457-3-122.

47　Discussion Paper No.1/75- Committee and Staffing (Sept 1975), 1975. HKRS2165-1-113.

48　Minutes of the fourth meeting held in the Major Conference Room of the Industrial Training Division, Labour Department, 16th December, 1975. HKRS457-3-122.

49　〈建造業訓練中心今日有平頂儀式〉，《大公報》，1976 年 12 月 8 日。

50　建造業訓練局：《建造業訓練局一九七七年年度年報》，原著頁數從缺。

51　同上。

52　Minutes of the fourth meeting held in the Major Conference Room of the Industrial Training Division, Labour Department, 16th December, 1975. HKRS457-3-122.

53　建造業訓練局：《建造業訓練局一九七七年年度年報》，原著頁數從缺。

54　The 5th Report from The Centre Manager of Training Centre on 11th April, 1978. HKRS457-3-123；《繼往開來二十年：建造業訓練局二十週年紀念特刊》，頁 16。

55　口述歷史訪問，黃鏡波先生，2019 年 8 月 15 日。

56　同上。

57　Committee of Staff Establishment of the CITA, 1st Report, Conference Room of the IndustrialTraining Division, Labour Department on 16th October, 1975, at 2:30pm.

58　建造業訓練局：《建造業訓練局一九七七年年度年報》，原著頁數從缺。

59　同上。

60　同上。

61　同上。

62　《香港建造業培訓局招募學員宣傳計劃書》，1977 年，HKRS457-3-123.

63　〈建造業訓練中心開始招募學員 年滿十四歲可報名〉，《華僑日報》，1977 年 6 月 24 日。

64　建造業訓練局：《建造業訓練局一九七七年年度年報》，原著頁數從缺。

65　建造業訓練局：《建造業訓練局一九七九年年度年報》（香港：建造業訓練局，1980），頁 23。

66　經濟多元化諮詢委員會，民政署譯中文版：〈教育與訓練〉，《一九七九年經濟多元化諮詢委員會報告書》，頁 139。

67　建造業訓練局：《建造業訓練局一九七七年年度年報》，原著頁數從缺。

68　〈課程將着重結合實際 學員期滿後需實習兩年始發給證書〉，《大公報》，1977 年 7 月 10 日。

69　〈建造業訓練中心 增設短期工藝班〉，《香港工商日報》，1979 年 5 月 12 日。

70　建造業訓練局：《建造業訓練局一九七九年年度年報》，頁 23、31－32。

71　同上，頁 23。

72　經濟多元化諮詢委員會，民政署譯中文版：〈教育與訓練〉，《一九七九年經濟多元化諮詢委員會報告書》，頁 139。

73　建造業訓練局：《建造業訓練局一九七七年年度年報》，原著頁數從缺。

74　口述歷史訪問，司徒拔先生，2019 年 7 月 30 日。

75　口述歷史訪問，司徒杰先生，2019 年 10 月 3 日。

76　建造業訓練局：《建造業訓練局一九八零年年度年報》（香港：建造業訓練局，1981），頁 23、30－31。

77　〈建造業人手缺乏　加強技術訓練〉，《工商晚報》，1980 年 7 月 23 日。

78　建造業訓練局：《建造業訓練局一九八零年年度年報》，頁 22；Mr. Ka Kui CHAN, JP, Chairman of Construction Industry Training Authority, Hong Kong, 20 years of successful experience in Construction Training, International Conference on Construction Training, p.6-7.

79　今天的技術員可分為不同類別，涵蓋範圍廣泛，包括建築技術員、土木／環境工程一類的技術員
　　以及建造機械技術員等，他們主要經建築師或工程師督導下，將其設計概念製成工程繪圖或建造
　　機械；至於地盤管工，則專責監督、指揮及協調建造工程工人的工作，以及申領、清點及檢查工
　　程材料，建訓局的技術員課程是為後者培訓而設。引自環境運輸及工務局：《建造業行業分類小冊
　　子》（香港：香港印務局，2003），頁 11－13。

80　口述歷史訪問，司徒杰先生，2019 年 10 月 3 日。

81　建造業訓練局：《建造業訓練局一九七七年年度年報》，原著頁數從缺。

82　建造業訓練局：《建造業訓練局一九七九年年度年報》，頁 23。

83　口述歷史訪問，劉素儀女士，2019 年 8 月 16 日；口述歷史訪問，司徒杰先生，2019 年 10 月 3
　　日。

84　口述歷史訪問，司徒拔先生，2019 年 7 月 30 日。

第三章

1　馮邦彥：《香港地產業百年》，頁 160－163、165。

2　政府統計處：《本地生產總值（年刊）（2009 年版）》，頁 74、76。

3　馮邦彥：《香港地產業百年》，頁 221、332－339。

4　同上，頁 203-204、210-211、225、227。

5　劉智鵬、劉蜀永編著：《香港史：從遠古到九七》，頁 436－439。

6　馮邦彥：《香港地產業百年》，頁 227、232－233、237－239。

7　政府統計處：《本地生產總值（年刊）（2009 年版）》，頁 74、76。

8　馮邦彥：《香港地產業百年》，頁 285－286、291。

9　何佩然：《城傳立新：香港城市規劃發展史（1841－2015）》，頁 304。

10　同上，頁 156。

11　政府統計處：《本地生產總值（年刊）（2009 年版）》，頁 74、76。

12　政府新聞處：《香港年報 2008》（香港：政府新聞處，2008），頁 31、43。

13　《2007－2008 施政報告》，頁 5。

14　政府統計處：《建築地盤就業及空缺按季統計報告二零零九年三月》（香港：政府統計處，2009），
　　頁 2。

15　政府統計處：《建築地盤就業及空缺按季統計報告二零一四年十二月》（香港：政府統計處，
　　2014），頁 2。

16　政府統計處：《建築地盤就業及空缺按季統計報告二零零九年三月》，頁 2。

17　政府統計處：《建築地盤就業及空缺按季統計報告二零一四年十二月》，頁 2。

18　口述歷史訪問，黃敦義先生，2020 年 1 月 12 日。

19　香港政府新聞網：《2016 年撥款條例草案恢復二讀辯論的致辭全文》（香港：香港政府新聞網，
　　2016）。

20　立法會：《立法會財務委員會轄下的工務小組委員會第八次會議紀要》（香港：立法會秘書處，
　　2015），頁 4。

21　香港政府新聞網：《2016 年撥款條例草案恢復二讀辯論的致辭全文》。

22　發展局：《建造業 2.0 ——變革的時刻》（香港：香港政府印務局，2018)，頁 8；發展局：《項目
　　成本管理辦事處—— 2016 年 3 月 15 日會議跟進工作》（香港：立法會事務委員會），頁 4－5。

23　政府統計處：《本地生產總值（年刊）（2019 年版）》，頁 84。

24　《綜合住戶統計調查按季統計報告》（2020 年第 2 季），頁 57。

25　《政府統計處統計表 表 E005：按行業主類／行業大類劃分的機構單位數目、就業人數及職位空缺
　　數目（公務員除外）》

26　建造業議會發表之《建造工程量及人力預測》——更新於 2020 年 9 月：http://www.cic.hk/
　　common/Fore/Fore.aspx?lang=zh-HK&year=2020_21%e3%80%82，瀏覽於 2020 年 11 月 20
　　日。

27　政府統計處：《本地生產總值（年刊）（2009 年版）》，頁 74、76；《政府統計處統計表 表 036：
　　按主要經濟活動劃分的本地生產總值——佔以基本價格計算的本地生產總值百分比》。

28　建造業訓練局：《建造業訓練局一九九一年年度年報》（香港：建造業訓練局，1992），頁 5；建
　　造業訓練局：《建造業訓練局一九九七年年度年報》（香港：建造業訓練局，1998），頁 7；建造
　　業訓練局：《建造業訓練局二零零四年年度年報》（香港：建造業訓練局，2005），頁 8。

29　建造業訓練局：《建造業訓練局一九八七年年度年報》（香港：建造業訓練局，1988），頁 22；口
　　述歷史訪問，司徒杰先生，2019 年 10 月 23 日。

30　建造業訓練局:《建造業訓練局一九八八年年度年報》(香港:建造業訓練局,1989),頁 9。
31　建造業訓練局:《建造業訓練局二零零二年年度年報》(香港:建造業訓練局,2003),頁 14。
32　建造業訓練局:《建造業訓練局一九七七年年度年報》(香港:建造業訓練局,1978),頁 2;
　　建造業訓練局:《建造業訓練局一九九一年年度年報》,頁 5;建造業訓練局:《建造業訓練局
　　一九九七年年度年報》,頁 7;建造業訓練局:《建造業訓練局二零零四年年度年報》,頁 8。
33　建造業訓練局:《建造業訓練局一九九九年年度年報》(香港:建造業訓練局,2000),頁 7。
34　建造業訓練局:《建造業訓練局二零零四年年度年報》,頁 8。
35　建造業訓練局:《建造業訓練局二十週年紀念特刊》(香港:建造業訓練局,1997),頁 8。
36　建造業訓練局:《建造業訓練局一九八七年年度年報》,頁 4。
37　建造業訓練局:《建造業訓練局一九九三年年度年報》(香港:建造業訓練局,1994),頁 2。
38　建造業訓練局:《建造業訓練局二零零一年年度年報》(香港:建造業訓練局,2002),頁 3。
39　建造業訓練局:《建造業訓練局二零零三年年度年報》(香港:建造業訓練局,2004),頁 3。
40　建造業訓練局:《建造業訓練局一九八二年年度年報》(香港:建造業訓練局,1983),頁 4。
41　建造業訓練局:《建造業訓練局一九八九年年度年報》(香港:建造業訓練局,1990),頁 6。
42　建造業訓練局:《建造業訓練局一九九零年年度年報》(香港:建造業訓練局,1991),頁 21−
　　22、建造業訓練局:《建造業訓練局一九九五年年度年報》(香港:建造業訓練局,1996),頁 5−6。
43　建造業訓練局:《建造業訓練局一九九三年年度年報》,頁 26−27;口述歷史訪問,劉素儀女士,
　　2019 年 8 月 16 日。
44　建造業訓練局:《建造業訓練局一九九七年年度年報》,頁 59。
45　建造業訓練局:《建造業訓練局一九九九年年度年報》,頁 35。
46　《建業圖新──建造業檢討委員會報告書》(香港:建造業檢討委員會,2001),頁 10−11。
47　建造業議會:《建造業議會二零零七年年報》(香港:建造業議會,2008),頁 3。
48　同上,頁 3。
49　同上,頁 4。
50　《建造業議會條例》,第 587 章,頁 2−11。
51　立法會:《關於 2005 年 10 月 25 日及 11 月 10 日會議討論事項的跟進行動一覽表》,(香港:《建
　　造業議會 (第 2 號) 條例草案》委員會,2005),頁 4。
52　建造業議會:《建造業議會二零一九年年報》(香港:建造業議會,2020),頁 72−93。
53　建造業議會:《建造業議會二零零八年年報》(香港:建造業議會,2009),頁 3。
54　建造業議會:《建造業議會二零零九年年報》(香港:建造業議會,2010),頁 3。
55　同上,頁 68。
56　建造業議會:《建造業議會二零一七年年報》(香港:建造業議會,2018),頁 3。
57　建造業議會:《建造業議會二零一九年年報》,頁 52。
58　建造業議會:《建造業議會二零零七年年報》,頁 3。
59　建造業議會網站:http://www.cic.hk/chi/main/aboutcic/corporate_profile/,瀏覽於 2020 年 11 月
　　20 日。
60　建造業議會:《建造業議會二零零七年年報》,頁 4−8。
61　建造業議會:《建造業議會二零零八年年報》,頁 16。
62　建造業議會網站:http://www.cic.hk/chi/main/aboutcic/leadership/level0,瀏覽於 2020 年 11 月
　　20 日。
63　建造業議會:《建造業議會二零零七年年報》,頁 6。
64　同上。
65　口述歷史訪問,黃敦義先生,2020 年 1 月 12 日。
66　建造業議會:〈成立香港建造學院〉,2017 年 4 月。
67　「建造業議會架構」,建造業議會網站:http://www.cic.hk/chi/main/aboutcic/leadership/Org_
　　Structure/,瀏覽於 2020 年 11 月 20 日。
68　〈黃偉綸盼紓緩建造業長期人手短缺問題〉,《信報》,2017 年 10 月 22 日。
69　建造業訓練局:《建造業訓練局一九八一年年度年報》(香港:建造業訓練局,1982),頁 8。
70　建造業訓練局:《建造業訓練局一九八五年年度年報》(香港:建造業訓練局,1986),頁 22。
71　建造業訓練局:《建造業訓練局一九八七年年度年報》,頁 23。
72　建造業訓練局:《建造業訓練局一九九四年年度年報》(香港:建造業訓練局,1995),頁 28。
73　建造業訓練局:《建造業訓練局一九九九年年度年報》,頁 56。
74　同上,頁 37。
75　《2004 年建造業徵款 (雜項修訂) 條例》,頁 A94、A96、建造業徵款修訂摘要,網絡資料,
　　http://www.fsica.org.hk/download/guide_lines/ConstructionIndustryLevy.pdf,瀏覽於 2020 年 11
　　月 20 日。

76　建造業訓練局：《建造業訓練局二零零五年年度年報》（香港：建造業訓練局，2006），頁 4、26。
77　建造業議會：《建造業議會二零一二年年報》（香港：建造業議會，2013），頁 103。
78　建造業議會：《建造業議會二零一三年年報》（香港：建造業議會，2014），頁 117、130。
79　建造業議會：《建造業議會二零一八年年報》（香港：建造業議會，2019），頁 234。
80　建造業訓練局：《建造業訓練局一九八五年年度年報》，頁 36；建造業訓練局：《建造業訓練局一九八六年年度年報》（香港：建造業訓練局，1987），頁 21。
81　建造業訓練局：《建造業訓練局一九九八年年度年報》（香港：建造業訓練局，1999）頁 38。
82　建造業訓練局：《建造業訓練局二零零零年年度年報》（香港：建造業訓練局，2001），頁 33。
83　建造業訓練局：《建造業訓練局二零零二年年度年報》，頁 30。
84　建造業訓練局：《建造業訓練局二零零六年年度年報》（香港：建造業訓練局，2007），頁 31。
85　建造業議會：《建造業議會二零一八年年報》，頁 200。
86　建造業議會：《建造業議會二零一九年年報》，頁 246。
87　建造業訓練局：《建造業訓練局一九八三年年度年報》（香港：建造業訓練局，1984），頁 23；建造業訓練局：《建造業訓練局一九八九年年度年報》，頁 30。
88　建造業訓練局：《建造業訓練局一九九七年年度年報》，頁 29、36－37。
89　建造業訓練局：《建造業訓練局一九九八年年度年報》，頁 36。
90　建造業訓練局：《建造業訓練局一九九八年年度年報》，頁 45；建造業訓練局：《建造業訓練局二零零零年年度年報》，頁 39。
91　建造業訓練局：《建造業訓練局二零零三年年度年報》，頁 29；建造業訓練局：《建造業訓練局二零零六年年度年報》，頁 31。
92　建造業議會：《建造業議會二零零九年年報》，頁 18；建造業議會：《建造業議會二零一三年年報》（香港：建造業議會：2014），頁 58，
93　建造業議會：《建造業議會二零一七年年報》，頁 62。
94　建造業訓練局：《建造業訓練局一九九零年年度年報》，頁 3。
95　建造業訓練局：《建造業訓練局一九九三年年度年報》，頁 24。
96　同上，頁 13。
97　建造業訓練局：《建造業訓練局一九九五年年度年報》，頁 23。
98　建造業訓練局：《建造業訓練局一九七九年年度年報》（香港：建造業訓練局，1980），頁 23；建造業訓練局：《建造業訓練局一九八一年年度年報》（香港：建造業訓練局，1982），頁 9。
99　建造業訓練局：《建造業訓練局一九八二年年度年報》，頁 28。
100　建造業訓練局：《建造業訓練局一九八五年年度年報》，頁 10。
101　建造業訓練局：《建造業訓練局一九九二年年度年報》（香港：建造業訓練局，1993），頁 11、21。
102　建造業訓練局：《建造業訓練局一九九七年年度年報》，頁 33。
103　建造業訓練局：《建造業訓練局一九九八年年度年報》，頁 15。
104　建造業訓練局：《建造業訓練局二零零一年年度年報》，頁 14、27。
105　建造業議會：《建造業議會二零一一年年報》（香港：建造業議會，2012），頁 33。
106　建造業議會：《建造業議會二零一五年年報》（香港：建造業議會，2016)，頁 12。
107　建造業議會：《建造業議會二零一八年年報》（香港：建造業議會，2019），頁 120、124。
108　《華僑日報》，1981 年 12 月 29 日，頁 8。
109　建造業訓練局：《建造業訓練局一九八二年年度年報》，頁 12；《大公報》，1982 年 7 月 29 日，頁 6。
110　建造業訓練局：《建造業訓練局一九八二年年度年報》，頁 2－3、11；建造業訓練局：《建造業訓練局十週年紀念》，頁 18。
111　建造業訓練局：《建造業訓練局一九八三年年度年報》，頁 13。
112　建造業訓練局：《建造業訓練局十週年紀念》，頁 18。
113　建造業訓練局：《建造業訓練局一九八九年年度年報》，頁 12、25。
114　建造業訓練局：《建造業訓練局一九九七年年度年報》，頁 14；建造業訓練局：《建造業訓練局二零零零年年度年報》（香港：建造業訓練局，2001），頁 30。
115　建造業訓練局：《建造業訓練局一九九九年年度年報》，頁 15。
116　建造業議會：《建造業議會二零一九年年報》，頁 149。
117　建造業議會：《建造業議會二零一七年年報》（香港：建造業議會，2018），頁 19；建造業議會：《建造業議會二零一八年年報》，頁 120。
118　建造業訓練局：《建造業訓練局一九八五年年度年報》，頁 3。
119　《華僑日報》，1987 年 3 月 17 日，頁 8。
120　建造業訓練局：《建造業訓練局一九八九年年度年報》，頁 24。

121 同上，頁 12、19。
122 同上，頁 15。
123 同上，頁 19。
124 建造業訓練局：《建造業訓練局一九九三年年度年報》，頁 3。
125 建造業訓練局：《建造業訓練局一九九五年年度年報》，頁 12－13。
126 建造業訓練局：《建造業訓練局一九九二年年度年報》，頁 11。
127 建造業訓練局：《建造業訓練局一九九五年年度年報》，頁 13。
128 建造業訓練局：《建造業訓練局一九九六年年度年報》（香港：建造業訓練局，1997），頁 34。
129 建造業訓練局：《建造業訓練局一九九七年年度年報》，頁 14。
130 建造業議會：《建造業議會二零一五年年報》，頁 12；建造業議會：《建造業議會二零一六年年報》
（香港：建造業議會，2017），頁 22。
131 建造業議會：《建造業議會二零一六年年報》，頁 95。
132 建造業訓練局：《建造業訓練局一九九三年年度年報》，頁 23。
133 建造業訓練局：《建造業訓練局一九九五年年度年報》，頁 23。
134 建造業訓練局：《建造業訓練局一九九六年年度年報》，頁 34。
135 建造業訓練局：《建造業訓練局一九九八年年度年報》，頁 15。
136 建造業訓練局：《建造業訓練局二零零六年年度年報》，頁 13。
137 建造業議會：《建造業議會二零一八年年報》，頁 120、124。
138 建造業議會：《建造業議會二零零八年年報》（香港：建造業議會，2009），頁 16。
139 建造業議會：《建造業議會二零一二年年報》（香港：建造業議會，2013），頁 62。
140 建造業議會：《建造業議會二零一四年年報》（香港：建造業議會，2015），頁 35。
141 口述歷史訪問，司徒杰先生，2019 年 10 月 23 日。
142 建造業訓練局：《建造業訓練局一九八八年年度年報》，頁 18；建造業訓練局：《建造業訓練局
一九八九年年度年報》，頁 14。
143 建造業訓練局：《建造業訓練局一九九六年年度年報》，頁 18。
144 建造業訓練局：《建造業訓練局一九九七年年度年報》，頁 61。
145 同上，頁 6。
146 建造業訓練局：《建造業訓練局一九九九年年度年報》，頁 29。
147 建造業訓練局：《建造業訓練局二零零一年年度年報》，頁 7、26；口述歷史訪問，黃鏡波先生，
2019 年 8 月 15 日。
148 口述歷史訪問，黃永灝工程師，2019 年 9 月 11 日；口述歷史訪問，林國良先生，2019 年 9 月
10 日。
149 建造業訓練局：《建造業訓練局二零零二年年度年報》，頁 18；建造業訓練局：《建造業訓練局二
零零三年年度年報》，頁 16；口述歷史訪問，黃鏡波先生，2019 年 8 月 15 日。
150 建造業訓練局：《建造業訓練局二零零二年年度年報》，頁 17－18。
151 建造業訓練局：《建造業訓練局二零零四年年度年報》，頁 22。
152 口述歷史訪問，林國良先生，2019 年 9 月 10 日。
153 建造業訓練局：《建造業訓練局一九八八年年度年報》，頁 14。
154 建造業訓練局：《建造業訓練局一九九一年年度年報》，頁 2－3。
155 建造業訓練局：《建造業訓練局一九九三年年度年報》，頁 16、21。
156 建造業訓練局：《建造業訓練局一九九六年年度年報》，頁 32。
157 建造業訓練局：《建造業訓練局二零零四年年度年報》，頁 22。
158 建造業訓練局：《建造業訓練局一九八二年年度年報》，頁 12。
159 建造業訓練局：《建造業訓練局一九九二年年度年報》，頁 42。
160 建造業訓練局：《建造業訓練局一九九七年年度年報》，頁 61。
161 建造業訓練局：《建造業訓練局二零零三年年度年報》，頁 60。
162 建造業訓練局：《建造業訓練局二零零六年年度年報》，頁 66。
163 口述歷史訪問，陳家駒先生，2019 年 5 月 28 日。
164 建造業訓練局：《建造業訓練局十週年紀念》，頁 18。
165 建造業訓練局：《建造業訓練局一九八六年年度年報》，頁 3；建造業訓練局：《建造業訓練局
一九八七年年度年報》，頁 15。
166 建造業訓練局：《建造業訓練局一九八八年年度年報》，頁 15。
167 建造業訓練局：《建造業訓練局一九九一年年度年報》，頁 16、44。
168 同上，頁 15。
169 建造業訓練局：《建造業訓練局一九九五年年度年報》，頁 4、53。
170 同上，頁 19。

171　建造業訓練局：《建造業訓練局一九九八年年度年報》，頁 3、5。

172　建造業訓練局：《建造業訓練局一九九九年年度年報》，頁 4；口述歷史訪問，吳茂昌先生，2019 年 12 月 3 日。

173　建造業訓練局：《建造業訓練局二零零六年年度年報》，頁 21。

174　建造業訓練局：《建造業訓練局二零零二年年度年報》，頁 74－79。

175　口述歷史訪問，梁兆明先生、陸志榮先生，2020 年 3 月 5 日。

176　口述歷史訪問，林國良先生，2019 年 9 月 10 日。

177　建造業訓練局：《建造業訓練局一九八六年年度年報》，頁 16。

178　口述歷史訪問，林國良先生，2019 年 9 月 10 日；口述歷史訪問，朱延年工程師，2019 年 7 月 11 日。

179　口述歷史訪問，伍新華先生，2019 年 7 月 30 日。

180　口述歷史訪問，林國良先生，2019 年 9 月 10 日。

181　口述歷史訪問，謝振源先生，2019 年 8 月 16 日。

182　口述歷史訪問，蕭樹強先生、曾燈發先生、陳落齊先生、莫想深先生，2019 年 9 月 5 日。

183　建造業議會：《建造業議會二零一三年年報》，頁 78。

184　建造業議會：《建造業訓練委員會及人力培訓及發展委員會》（香港：建造業議會，2012），頁 17－18。

185　口述歷史訪問，朱延年工程師，2019 年 7 月 11 日。

186　建造業議會：《建造業議會二零零九年年報》，頁 31。

187　口述歷史訪問，黃敦義先生，2020 年 1 月 12 日。

188　建造業議會：《建造業議會二零零九年年報》，頁 31。

189　建造業議會：《建造業議會二零一一年年報》（香港：建造業議會：2012），頁 33；建造業議會：《建造業議會二零一二年年報》，頁 13。

190　建造業議會：《建造業議會二零一六年年報》（香港：建造業議會，2017），頁 16。

191　建造業議會：《建造業議會二零一七年年報》，頁 18。

192　「高等文憑」，香港建造學院網站：http://www.hkic.edu.hk/chi/programmes/construction_supervisor_technician_programme，瀏覽於 2020 年 11 月 20 日。

193　「建造文憑」，香港建造學院網站：http://www.hkic.edu.hk/chi/programmes/diploma_in_construction_programme，瀏覽於 2020 年 11 月 20 日。

194　「全日制短期課程」，香港建造學院網站：http://www.hkic.edu.hk/uploads/Programme/QnA/FAQ_20191125.pdf，瀏覽於 2020 年 11 月 20 日。

195　建造業議會：《建造業議會二零一九年年報》，頁 146。

196　「技術提升課程──一般系列」，香港建造學院網站：http://www.hkic.edu.hk/chi/programmes/skill_enhancement_courses_general，瀏覽於 2020 年 11 月 20 日。

197　建造業訓練局：《建造業訓練局一九九八年年度年報》，頁 4。

198　2001 年改名為資助僱主訓練學徒計劃。

199　建造業訓練局：《建造業訓練局一九九八年年度年報》，頁 17－18、42。

200　建造業訓練局：《建造業訓練局一九九九年年度年報》，頁 35－36。

201　建造業訓練局：《建造業訓練局二零零三年年度年報》，頁 26。

202　同上。

203　建造業訓練局：《建造業訓練局二零零四年年度年報》，頁 27。

204　建造業訓練局：《建造業訓練局二零零五年年度年報》，頁 28。

205　同上。

206　建造業議會：《建造業議會二零一二年年報》，頁 7。

207　口述歷史訪問，黃敦義先生，2020 年 1 月 12 日。

208　建造業議會：《建造業議會二零零九年年報》，頁 31。

209　建造業議會：《建造業議會二零一三年年報》，頁 79

210　建造業議會：《建造業議會二零一七年年報》，頁 105。

211　建造業議會：《建造業議會二零一七年年報》，頁 4。

212　建造業議會：《建造業議會二零一零年年報》（香港：建造業議會，2011），頁 50。

213　口述歷史訪問，黃敦義先生，2020 年 1 月 12 日；建造業議會：《建造業議會二零一零年年報》（香港：建造業議會，2010），頁 50。

214　建造業議會：《建造業議會二零一三年年報》，頁 78。

215　建造業議會：《建造業議會二零一二年年報》，頁 7。

216　建造業議會：《建造業議會二零一四年年報》，頁 68。

217　「強化建造業人力訓練計劃」，香港建造學院網站：https://www.hkic.edu.hk/chi/programmes/

enhanced_construction_manpower_training_scheme，瀏覽於 2020 年 11 月 20 日。

218 建造業議會：《建造業議會二零一九年年報》，頁 33、163。
219 建造業議會：《建造業議會二零一二年年報》，頁 53。
220 建造業議會：《建造業議會二零一三年年報》，頁 67。
221 建造業議會：《建造業議會二零一六年年報》（香港：建造業議會，2017），頁 86。
222 建造業議會：《建造業議會二零一七年年報》，頁 17。
223 建造業議會：《建造業議會二零一七年年報》，頁 12。
224 「組建城──『組裝合成』建築法展現中心」，建造業議會網站：http://www.cic.hk/chi/main/mic/display_centre/。
225 陳家駒：《「建造業創新及科技應用中心」開幕典禮歡迎辭》（香港：建造業議會，2017）。
226 口述歷史訪問，李承仕工程師，2019 年 8 月 30 日；黃敦義先生，2020 年 1 月 12 日；余世欽工程師，2019 年 9 月 8 日。
227 口述歷史訪問，黃敦義先生，2020 年 1 月 12 日。
228 政府新聞處：《建造業推動工地安全及「Build 升」宣傳計劃提升形象》，2011 年 5 月 9 日。
229 建造業議會：《建造業議會二零一三年年報》，頁 15。
230 建造業議會：《建造業議會二零一四年年報》，頁 69。
231 建造業議會：《建造業議會二零一三年年報》，頁 79。
232 口述歷史訪問，黃敦義先生，2020 年 1 月 12 日。
233 建造業議會：《建造業議會二零一三年年報》，頁 96。
234 建造業議會：《建造業議會二零一二年年報》，頁 82。
235 建造業議會：《建造業議會二零一四年年報》，頁 8。
236 建造業議會：〈第 45 屆世界技能大賽完滿結束 建造業精英選手表現出色〉，http://www.cic.hk/files/press_release/208/tc/20190828_Worldskills%202019%20Result_final_Chi.pdf，瀏覽於 2020 年 11 月 20 日。
237 口述歷史訪問，李承仕工程師，2019 年 8 月 30 日。
238 建造業議會：《建造業議會二零一九年年報》，頁 195。
239 香港青年技能比賽網頁：https://www.worldskillshongkong.org/en/home，瀏覽於 2020 年 11 月 20 日。
240 口述歷史訪問，黃敦義先生，2020 年 1 月 12 日。
241 建造業議會：《建造業議會二零一二年年報》，頁 12；建造業議會：《建造業議會二零一三年年報》，頁 73；口述歷史訪問，蕭樹強先生、曾燈發先生、陳落齊先生、莫想深先生，2019 年 9 月 5 日。
242 建造業議會：《建造業議會二零一七年年報》，頁 84。
243 同上，頁 20。
244 口述歷史訪問，蕭樹強先生、曾燈發先生、陳落齊先生、莫想深先生，2019 年 9 月 5 日。
245 口述歷史訪問，陳家駒先生，2019 年 5 月 28 日。
246 建造業議會：《建造業議會二零一九年年報》，頁 186。
247 建造業議會：《建造業議會二零一三年年報》，頁 7。
248 同上，頁 81。
249 建造業議會：《建造業議會二零一五年年報》，頁 9。
250 建造業議會：《建造業議會二零一六年年報》，頁 98。
251 建造業議會：《建造業議會二零一五年年報》，頁 84。
252 建造業議會：《建造業議會二零一八年年報》，頁 2。
253 口述歷史訪問，莊堅烈工程師，2019 年 9 月 2 日。
254 建造業運動及義工計劃：https://www.cisvp.hk/about，瀏覽於 2020 年 11 月 20 日。
255 口述歷史訪問，何世柱先生，2019 年 8 月 28 日。
256 建造業訓練局：《建造業訓練局一九八二年年度年報》，頁 13。
257 建造業訓練局：《建造業訓練局一九八六年年度年報》，頁 15。
258 建造業訓練局：《建造業訓練局一九九三年年度年報》，頁 14；口述歷史訪問，何世柱先生，2019 年 8 月 28 日；口述歷史訪問，黃鏡波先生，2019 年 8 月 15 日。
259 建造業訓練局：《建造業訓練局一九九五年年度年報》，頁 24－25。
260 建造業訓練局：《建造業訓練局一九九六年年度年報》，頁 34－35。
261 同上，頁 16。
262 建造業議會：《建造業議會二零一三年年報》，頁 42。
263 建造業議會：《建造業議會二零一三年年報》，頁 40。
264 建造業議會：《建造業議會二零一六年年報》，頁 92。

265　梁操雅、羅天佑：《香港考評文化的承與變——從強調篩選到反映能力》（香港：商務印書館，2017），頁 83、87。
266　口述歷史訪問，黃永灝工程師，2019 年 9 月 11 日。
267　口述歷史訪問，黃偉綸先生，2019 年 11 月 8 日。
268　建造業訓練局：《建造業訓練局一九八八年年度年報》，頁 3、17、20。
269　口述歷史訪問，黃鏡波先生，2019 年 8 月 15 日。
270　口述歷史訪問，司徒杰先生，2019 年 10 月 23 日；口述歷史訪問：劉素儀女士，2019 年 8 月 16 日。
271　建造業訓練局：《建造業訓練局一九九五年年度年報》，頁 20−21、23。
272　建造業訓練局：《建造業訓練局二零零零年年度年報》，頁 25、27、36。
273　建造業議會：《建造業議會二零一七年年報》，頁 18−19。
274　「短期課程——強化建造業人力訓練計劃（適合待業或轉業人士）」，香港建造學院網站：https://www.hkic.edu.hk/chi/programmes/enhanced_construction_manpower_training_scheme，瀏覽於 2020 年 11 月 20 日。
275　「合作培訓計劃」，香港建造學院網站：https://www.hkic.edu.hk/chi/programmes/cooperative_training_scheme，瀏覽於 2020 年 11 月 20 日。
276　口述歷史訪問，劉素儀女士，2019 年 8 月 16 日。
277　口述歷史訪問，何世柱先生，2019 年 8 月 28 日。
278　建造業議會：《建造業議會二零一二年年報》，頁 13。
279　建造業議會：《建造業議會二零一六年年報》，頁 91。
280　建造業議會：《建造業議會二零一七年年報》，頁 102。
281　口述歷史訪問，黃敦義先生，2020 年 1 月 12 日。
282　香港建造議會網站：http://www.cic.hk/chi/main/research_data_analytics_/training_output/，瀏覽於 2020 年 11 月 20 日。
283　建造業訓練局：《建造業訓練局一九八三年年度年報》，頁 36。
284　數據由香港建造學院提供。
285　同上。
286　同上。
287　同上。
288　建造業訓練局：《建造業訓練局二零零一年年度年報》，頁 73。
289　數據由香港建造學院提供。
290　同上。
291　同上。
292　建造業議會：《建造業議會二零一四年年報》，頁 69；建造業議會：《建造業議會二零一九年年報》，頁 153。
293　口述歷史訪問，伍新華先生，2019 年 7 月 30 日。
294　口述歷史訪問，劉素儀女士，2019 年 8 月 16 日。

第四章

1　「立法會發展事務委員會加強建造業工人培訓的建議」，https://www.legco.gov.hk/yr18-19/chinese/panels/dev/papers/dev20190528cb1-1086-3-c.pdf，瀏覽於 2020 年 11 月 20 日。
2　「香港課程發展議會——香港學校課程的整體檢視報告」，教育局網站：https://www.edb.gov.hk/tc/curriculum-development/cs-curriculum-doc-report/holistic-review/index.html#7，瀏覽於 2020 年 11 月 20 日。
3　同上。
4　口述歷史訪問，陳家駒先生，2019 年 5 月 28 日。
5　口述歷史訪問，朱延年工程師，2019 年 7 月 11 日。
6　口述歷史訪問，陳家駒先生，2019 年 5 月 28 日。
7　「資歷架構」，教育局網站：https://www.edb.gov.hk/tc/edu-system/other-edu-training/qf/index.html，瀏覽於 2020 年 11 月 20 日。
8　〈建造學院破舊立新 學生「識做」又「識諗」〉，《頭條日報》，2019 年 9 月 30 日。
9　口述歷史訪問，陳家駒先生，2019 年 5 月 28 日。
10　〈建造學院破舊立新 學生「識做」又「識諗」〉，《頭條日報》，2019 年 9 月 30 日。
11　口述歷史訪問，黃君華博士工程師，2020 年 5 月 15 日。

12　口述歷史訪問，朱延年工程師，2019 年 7 月 11 日。

13　〈推動業界應用創新科技　保平安增效益〉，《明報》，2019 年 1 月 9 日。

14　建造業議會：《建造業議會二零一八年年報》，頁 26。

15　「建造業議會架構」，建造業議會網站：http://www.cic.hk/chi/main/aboutcic/leadership/Org_Structure/，瀏覽於 2020 年 11 月 20 日。

16　「願景及使命」，香港建造學院網站：http://www.hkic.edu.hk/chi/vision&mission，瀏覽於 2020 年 11 月 20 日。

17　建造業議會：《建造業議會二零一九年年報》（香港：建造業議會，2020)，頁 153。

18　「全人發展」，香港建造學院網站：https://www.hkic.edu.hk/chi/development，瀏覽於 2020 年 11 月 20 日；高等文憑（適合 DSE 學生），香港建造學院網站：https://www.hkic.edu.hk/chi/programmes/construction_supervisor_technician_programme，瀏覽於 2020 年 11 月 20 日；建造文憑（適合中六畢業生），香港建造學院網站：http://www.hkic.edu.hk/chi/programmes/diploma_in_construction_programme，瀏覽於 2020 年 11 月 20 日；建造證書（適合中三或以上），香港建造學院網站：http://www.hkic.edu.hk/chi/programmes/basic_craft_courses，瀏覽於 2020 年 11 月 20 日。

19　建造業議會：《建造業議會二零一八年年報》，頁 125。

20　建造業議會：《建造業議會二零一九年年報》，頁 153－154。

21　口述歷史訪問，黃美詩小姐，2019 年 11 月 29 日。

22　口述歷史訪問，郭志仁先生，2019 年 11 月 29 日；口述歷史訪問，黃美詩小姐，2019 年 11 月 29 日。

23　建造業議會：《建造業議會二零一七年年報》（香港：建造業議會，2018)，頁 44。

24　《建造業議會 2020 年重點工作計劃》，頁 20，建造業議會網站：http://www.hkic.edu.hk/chi/welcomespeech，瀏覽於 2020 年 11 月 20 日。

25　口述歷史訪問，黃君華博士工程師，2020 年 5 月 15 日。

26　「關於我們」，香港建造學院網站：https://www.hkic.edu.hk/chi/welcomespeech，瀏覽於 2020 年 11 月 20 日。

27　口述歷史訪問，朱延年工程師，2019 年 7 月 11 日。

28　同上。

29　「建造業議會認可技術專才培訓計劃」，香港建造學院網站：http://www.cic.hk/chi/main/trainingservices/ATP/，瀏覽於 2020 年 11 月 20 日。

30　建造業議會：《建造業議會二零一九年年報》，頁 96。

31　「香港建造學院管理委員會」，香港建造學院網站：http://www.hkic.edu.hk/chi/management，瀏覽於 2020 年 11 月 20 日。

32　《一年及兩年全日制證書及文憑課程》，香港建造學院網站：http://www.hkic.edu.hk/uploads/Download%20Files/leaflet/2019/Dec/CIC_HKIC_booklet_Student_12p_1119_e.pdf，瀏覽於 2020 年 11 月 20 日。

33　「全日制短期課程」，香港建造學院網站：https://www.hkic.edu.hk/uploads/Download%20Files/leaflet/2019/HKIC_booklet_Adult_12p_chi_0719_c.pdf，瀏覽於 2020 年 11 月 20 日。

34　建造業議會：《建造業議會二零一八年年報》，頁 120。

35　「校園生活」，香港建造學院網站：https://www.hkic.edu.hk/chi/campus_facilities，瀏覽於 2020 年 11 月 20 日。

36　資料由香港建造學院提供。

37　資料由香港建造學院提供。

38　「電子資源」，香港建造學院網站：https://www.hkic.edu.hk/chi/lrc_electronic_resources，瀏覽於 2020 年 11 月 20 日。

39　「校園生活」，香港建造學院網站：https://www.hkic.edu.hk/chi/campus_facilities，瀏覽於 2020 年 11 月 20 日。

40　「學生就業輔導服務」，香港建造學院網站：http://hkic.edu.hk/chi/inquiries，瀏覽於 2020 年 11 月 20 日。

41　「訓練足跡──2018 年」，香港建造學院網站：http://www.hkic.edu.hk/chi/timeline，瀏覽於 2020 年 11 月 20 日。

42　建造業議會：《建造業議會二零一八年年報》，頁 122。

43　同上，頁 123。

44　建造業議會：《建造業議會二零一九年年報》，頁 147。

45　「關於我們──建造專業進修院校」，香港建造學院網站：http://www.hkic.edu.hk/chi/spdc，瀏覽於 2020 年 11 月 20 日。

46　建造業議會：《建造業議會二零一九年年報》，頁 151。
47　同上。
48　「高等文憑」，香港建造學院網站：http://www.hkic.edu.hk/chi/programmes/construction_supervisor_technician_programme，瀏覽於 2020 年 11 月 20 日。
49　「建造文憑」，香港建造學院網站：http://www.hkic.edu.hk/chi/programmes/diploma_in_construction_programme，瀏覽於 2020 年 11 月 20 日。
50　同上。
51　「全日制短期課程」，香港建造學院網站：http://www.hkic.edu.hk/uploads/Programme/QnA/FAQ_20191125.pdf，瀏覽於 2020 年 11 月 20 日。
52　「短期課程 —— 強化建造業人力訓練計劃」，香港建造學院網站：http://www.hkic.e du.hk/chi/programmes/enhanced_construction_manpower_training_scheme，瀏覽於 2020 年 11 月 20 日。
53　「短期課程（ 適合待業或轉業人士）」，香港建造學院網站：http://www.hkic.edu.hk/chi/programmes/short_course，瀏覽於 2020 年 11 月 20 日。
54　建造業議會：《建造業議會二零一九年年報》，頁 146。
55　「技術提升課程 —— 一般系列」，香港建造學院網站：http://www.hkic.edu.hk/chi/programmes/skill_enhancement_courses_general，瀏覽於 2020 年 11 月 20 日。
56　「建造工人技術提升課程」，香港建造學院網站：http://hkic.edu.hk/chi/programmes/skill_enhancement_courses_general_workers_to_semi_skilled_workers，瀏覽於 2020 年 11 月 20 日。
57　「進階工藝培訓計劃（先導計劃）」，香港建造學院網站：http://hkic.edu.hk/chi/programmes/advanced_construction_manpower_training_scheme，瀏覽於 2020 年 11 月 20 日。
58　「技術提升課程 —— 文物建築復修系列」，香港建造學院網站：http://hkic.edu.hk/chi/programmes/skill_enhancement_courses_appreciation_course_on_conservation，瀏覽於 2020 年 11 月 20 日。
59　「技術提升課程 —— 一般系列」，香港建造學院網站：http://hkic.edu.hk/chi/programmes/skill_enhancement_courses_general，瀏覽於 2020 年 11 月 20 日。
60　同上。
61　「技術提升課程 —— 少數族裔技術提升課程 」（英語授課），香港建造學院網站：http://hkic.edu.hk/chi/__programmes/skills_enhancement_course_for_ethnic_minorities，瀏覽於 2020 年 11 月 20 日。
62　「安全訓練課程」，香港建造學院網站：http://www.hkic.edu.hk/chi/programmes/skill_enhancement_courses_safety_training 瀏覽於 2020 年 11 月 20 日。
63　「與測試有關的課程」，香港建造學院網站：https://www.hkic.edu.hk/chi/programmes/test_related_courses，瀏覽於 2020 年 11 月 20 日。
64　「特約課程」，香港建造學院網站：http://hkic.edu.hk/chi/programmes/commissioned_courses，瀏覽於 2020 年 11 月 20 日。
65　口述歷史訪問，郭志仁先生，2019 年 11 月 29 日。
66　口述歷史訪問，莫炳林先生，2019 年 7 月 23 日。

第五章

1　香港工商日報：《司徒惠議員促請保障工地安全》，1973 年 7 月 19 日。
2　口述歷史訪問，吳茂昌先生，2019 年 12 月 3 日。
3　建造業訓練局：《建造業訓練局一九九九年年度年報》（香港：建造業訓練局，2000），頁 22－23。
4　建造業訓練局：《建造業訓練局一九九四年年度年報》（香港：建造業訓練局，1995），頁 17。
5　建造業訓練局：《建造業訓練局一九九零年年度年報》（香港：建造業訓練局，1991），頁 3。
6　建造業訓練局：《建造業訓練局一九九二年年度年報》（香港：建造業訓練局，1993），頁 3。
7　建造業訓練局：《建造業訓練局一九九三年年度年報》（香港：建造業訓練局，1994），頁 21－22。
8　建造業訓練局：《建造業訓練局一九九四年年度年報》，頁 17－18。
9　建造業訓練局：《建造業訓練局一九九五年年度年報》（香港：建造業訓練局，1996），頁 22。
10　同上，頁 17。
11　建造業訓練局：《建造業訓練局一九九六年年度年報》（香港：建造業訓練局，1997），頁 24。
12　建造業訓練局：《建造業訓練局一九九七年年度年報》（香港：建造業訓練局，1998），頁 24。
13　建造業訓練局：《建造業訓練局一九九八年年度年報》（香港：建造業訓練局，1999），頁 3。
14　建造業訓練局：《建造業訓練局二零零五年年度年報》（香港：建造業訓練局，2006），頁 22。

15 建造業訓練局：《建造業訓練局一九九六年年度年報》，頁 23。
16 建造業訓練局：《建造業訓練局一九九七年年度年報》，頁 24。
17 建造業訓練局：《建造業訓練局二零零一年年度年報》（香港：建造業訓練局，2002），頁 26。
18 同上，頁 56−57。
19 建造業訓練局：《建造業訓練局一九九六年年度年報》，頁 23。
20 同上，頁 4、23。
21 口述歷史訪問，吳茂昌先生，2019 年 12 月 3 日。
22 建造業訓練局：《建造業訓練局一九九七年年度年報》，頁 4。
23 同上，頁 4。
24 建造業訓練局：《建造業訓練局一九九八年年度年報》，頁 2、32。
25 建造業議會：《建造業議會二零一一年年報》，頁 33。
26 建造業議會：《建造業議會二零一三年年報》，頁 42；建造業議會：《建造業議會二零一四年年報》
    （香港：建造業議會，2015），頁 40。
27 同上。
28 「安全訓練課程」，建造業議會網站：http://www.hkic.edu.hk/chi/programmes/skill_enhancement_
    courses_safety_training，瀏覽於 2020 年 11 月 20 日。
29 建造業訓練局：《建造業訓練局二零零七年年度年報》（香港：建造業訓練局，2008），頁 4。
30 建造業議會：《建造業議會二零一八年年報》，頁 65。
31 立法會文件：https://www.legco.gov.hk/yr09-10/chinese/panels/mp/papers/mp0121cb2-765-
    4-c.pdf，瀏覽於 2020 年 11 月 20 日。
32 香港政府新聞公布：https://www.info.gov.hk/gia/general/201701/06/P2017010600760.htm，
    瀏覽於 2020 年 11 月 20 日。
33 勞工處網站：https://www.labour.gov.hk/tc/osh/content10.htm，瀏覽於 2020 年 11 月 20 日。
34 建造業議會網站：http://www.cic.hk/eng/main/safety-corner/safetypub/，瀏覽於 2020 年 11 月
    20 日。
35 建議業議會：〈「2019 建造業機械操作比賽」提升從業員的安全意識及專業技術」〉，新聞稿，
    2020 年 1 月 2 日。
36 建造業議會網站：https://www.cic.hk/cic_data/pdf/about_cic/media_centre/press/press_release/
    chi/council_service/20160907%20Press%20Conference%20%20on%20Anti-heat%20Stress%20
    Uniform-press%20release-c-final(1).pdf/，瀏覽於 2020 年 11 月 20 日。
37 建造業議會網站：https://www.cic.hk/cic_data/pdf/about_cic/media_centre/press/press_release/
    chi/council_service/20160907%20Press%20Conference%20%20on%20Anti-heat%20Stress%20
    Uniform-press%20release-c-final(1).pdf，瀏覽於 2020 年 11 月 20 日。
38 建造業議會網站：http://www.cic.hk/chi/main/safety-corner/safetyvideo/，瀏覽於 2020 年 11 月
    20 日。
39 建造業安全周網站：https://www.safetyweek.hk/web/subpage.php?mid=148，瀏覽於 2020 年
    11 月 20 日。

第六章

1 口述歷史訪問，陳劍光先生，2019 年 8 月 1 日；口述歷史訪問，莫國和工程師，2019 年 10 月
   3 日。
2 口述歷史訪問，潘杜泉先生、蔡鎮華先生、馮堅礎先生，2019 年 8 月 15 日。
3 同上。
4 "Working Party on Trade test", HKRS1418-1-38.
5 建造業訓練局：《建造業訓練局一九九三年年度年報》，頁 3。
6 口述歷史訪問，莫國和工程師，2019 年 10 月 3 日。
7 Fu, S. P., "The Occupational Skill Testing and Certification Systems in Hong Kong", published
   on Vocational Training Council's website: https://repository.vtc.edu.hk/cgi/viewcontent.
   cgi?article=1123&context=ive-adm-others-iveta, P.2-5，瀏覽於 2020 年 11 月 20 日。
8 建造業訓練局：《建造業訓練局一九八九年年度年報》（香港：建造業訓練局，1990），頁 20。
9 建造業訓練局：《建造業訓練局一九九五年年度年報》（香港：建造業訓練局，1996），頁 16。
10 口述歷史訪問，梁偉雄工程師、高振漢先生、劉永輝先生，2019 年 7 月 23 日。
11 "Working Party in Trade test", HKRS1418-1-38，AC(IT)/WP/4/80(D).
12 詳見 1991 年鋪牆瓦及地台磚工技能測驗卷與評分表。

13　建造業訓練局：《建造業訓練局一九九三年度年報》，頁 46。
14　同上，頁 27。
15　同上。
16　建造業訓練局：《建造業訓練局一九九四年度年報》，頁 21。
17　建造業訓練局：《建造業訓練局一九九七年度年報》，頁 27－28。
18　Fu, S. P., "The Occupational Skill Testing and Certification Systems in Hong Kong", published on Vocational Training Council's website: https://repository.vtc.edu.hk/cgi/viewcontent. cgi?article=1123&context=ive-adm-others-iveta, visited on 9/3/2020, P.2-5，瀏覽於 2020 年 11 月 20 日。
19　建造業訓練局：《建造業訓練局一九九五年度年報》，頁 27。
20　建造業訓練局：《建造業訓練局一九九六年度年報》，頁 38。
21　口述歷史訪問，謝振源先生，2019 年 8 月 16 日。
22　建造業訓練局：《建造業訓練局一九九八年度年報》，頁 26。
23　同上，頁 61。
24　建造業訓練局：《建造業訓練局一九九九年度年報》，頁 35。
25　建造業訓練局：《建造業訓練局二零零零年年度年報》（香港：建造業訓練局，2001），頁 23－24。
26　建造業訓練局：《建造業訓練局二零零一年年度年報》，頁 32。
27　建造業訓練局：《建造業訓練局二零零二年年度年報》（香港：建造業訓練局，2003），頁 33。
28　建造業訓練局：《建造業訓練局二零零四年年度年報》（香港：建造業訓練局，2005），頁 18。
29　同上，頁 4。
30　建造業訓練局：《建造業訓練局二零零五年年度年報》，頁 4。
31　建造業訓練局：《建造業訓練局二零零一年年度年報》，頁 31。
32　建造業訓練局：《建造業訓練局二零零五年年度年報》，頁 5。
33　建造業議會：《建造業議會二零零九年年報》，頁 12。
34　建造業議會：《建造業議會二零一零年年報》，頁 12。
35　建造業議會：《建造業議會二零一四年年報》，頁 68。
36　建造業議會：《建造業議會二零一七年年報》，頁 111。
37　建造業議會：《建造業議會二零一五年年報》，頁 55。
38　建造業議會：《建造業議會二零一六年年報》，頁 19。
39　建造業議會：《建造業議會二零一七年年報》，頁 19。
40　建造業議會：《建造業議會二零一八年年報》，頁 134。
41　建造業議會網站：http://www.cic.hk/chi/main/trade_test_list/building_construction_tra/construction_craftsmen_n/，瀏覽於 2020 年 11 月 20 日。
42　建造業議會網站：http://www.cic.hk/chi/main/trade_test_list/，瀏覽於 2020 年 11 月 20 日。
43　建造業議會網站：http://www.cic.hk/files/page/10331/TT%20Booklet_TChi_Web%20final%20202001.pdf，頁 17，瀏覽於 2020 年 11 月 20 日。
44　工藝測試中心提供。
45　香港政府發展局網站：〈加強建造業工人培訓〉，https://www.devb.gov.hk/tc/home/my_blog/index_id_329.html，瀏覽於 2020 年 11 月 20 日。
46　建造業議會：〈建築的事之專業考核〉，載《明報》，2019 年 10 月 18 日，A6 版。

第七章

1　香港建造學院傑出校友選舉得獎人——李德康：http://www.hkic.edu.hk/chi/alumni_interview_DickLi，瀏覽於 2020 年 11 月 20 日；口述歷史訪談，李德康先生，2019 年 11 月 21 日。
2　香港建造學院傑出校友選舉得獎人——孟家榮：http://www.hkic.edu.hk/chi/alumni_interview_TerenceMang，瀏覽於 2020 年 11 月 20 日；口述歷史訪談，孟家榮先生，2019 年 11 月 27 日。
3　香港建造學院傑出校友選舉得獎人——黃偉倫：https://www.hkic.edu.hk/chi/alumni_interview_WongWaiLun，瀏覽於 2020 年 11 月 20 日。
4　香港建造學院傑出校友選舉得獎人——郭志仁：https://www.hkic.edu.hk/chi/alumni_interview_KwokChiYen，瀏覽於 2020 年 11 月 20 日；口述歷史訪談，郭志仁先生，2019 年 11 月 29 日。
5　口述歷史訪談，黃美詩女士，2019 年 11 月 29 日。

第八章

1　〈建造業訓練局主席葉謀遵博士太平紳士於一九八六年十一月十七日舉行之建造業訓練局十週年紀念致詞全文〉，1986 年，HKRS-2165-1-54.

2　「《建造業 2.0》」，建造業議會網站：http://www.cic.hk/chi/main/aboutcic/leadership/ChairmanBlog/blog-10.html，瀏覽於 2020 年 11 月 20 日。

3　建造業議會：《建造業議會 2020 年重點工作計劃》（香港：建造業議會，2020），頁 9。

4　建造業議會：《建造業議會二零一八年年報》，頁 26。

5　「『組裝合成』建築法國際研討會」，建造業議會網站：http://www.cic.hk/chi/main/mic/Events/，瀏覽於 2020 年 11 月 20 日。

6　建造業議會：《建造業議會二零一九年年報》，頁 151。

7　詳見本書第二章。

8　口述歷史訪問，黃君華博士工程師，2020 年 5 月 15 日。

9　「《建造業 2.0》」，建造業議會網站：http://www.cic.hk/chi/main/aboutcic/leadership/ChairmanBlog/blog-10.html，瀏覽於 2020 年 11 月 20 日。

10　Commissioner for Labour, *Annual Departmental Report 1982* (Hong Kong: Govt. Press, 1983),142-143.

11　建造業訓練局：《建造業訓練局一九九九年年度年報》，頁 4；口述歷史訪問，吳茂昌先生，2019 年 12 月 3 日。

12　建造業訓練局：《建造業訓練局一九九七年年度年報》，頁 14。

13　《建造業議會條例》，第 587 章，頁 2－5。

14　香港建造學院：〈［安全體驗訓練中心］安全體驗團〉，https://hkic.edu.hk/getDoc.php?doc=5260，瀏覽於 2020 年 11 月 20 日。

15　「標誌設計」，香港建造學院網站：https://www.hkic.edu.hk/chi/logo_design_concept，瀏覽於 2020 年 11 月 20 日。

16　建造業議會：《建造業議會 2020 年重點工作計劃》，頁 25。

17　建造業議會：《建造業議會二零一八年年報》，頁 151。

18　〈粵港澳合作 推動大灣區建設〉，政府新聞網，2018 年 12 月 14 日，https://www.news.gov.hk/chi/2018/12/20181214/20181214_175439_854.html，瀏覽於 2020 年 11 月 20 日。

19　口述歷史訪問，陳家駒先生，2020 年 4 月 21 日。

20　〈穗港職業教育合作專案簽約儀式在穗舉行〉，廣州市教育局網頁：http://jyj.gz.gov.cn/yw/jyyw/content/post_5616564.html，瀏覽於 2020 年 11 月 20 日。

21　「第一屆香港建造業技能大賽暨香港建造業工藝測試中心開放日」，建造業議會網頁：http://www.cic.hk/chi/main/aboutcic/news_and_updates/events_calendar/event-370.html，瀏覽於 2020 年 11 月 20 日。

22　「推廣職業專才教育」，教育局網站：https://www.edb.gov.hk/tc/edu-system/other-edu-training/vocational-other-edu-program/promotion-vet.html，瀏覽於 2020 年 11 月 20 日。

23　「用教育倡議系列（六）：強化中學生涯教育」，團結香港基金網站：https://www.ourhkfoundation.org.hk/zh-hant/report/1264/教育及青年/應用教育倡議系列 %EF%BC%88六 %EF%BC%89%EF%BC%9A 強化中學生涯教育，瀏覽於 2020 年 11 月 20 日。

24　陳家駒：〈《也文也武》〉，香港建造學院網站：http://www.cic.hk/chi/main/aboutcic/leadership/ChairmanBlog/blog-68.html，瀏覽於 2020 年 11 月 20 日。

25　建造業議會：《建造業議會二零一九年年報》，頁 32。

26　「香港建造培訓 45 周年論壇暨新書發佈會」，香港建造學院網站：https://hkic.edu.hk/45years/event/event-1，瀏覽於 2020 年 11 月 20 日。

27　《建造工程量及人力預測》，建造業議會網站：http://www.cic.hk/files/press_release/10/tc/20180119PressRelease_ConstructionExpenditure_ManpowerForecast_2017c.pdf，瀏覽於 2020 年 11 月 20 日。

28　〈【預算案】撥 2 億擴大建造業學徒計劃〉，《信報》，2019 年 2 月 27 日，https://www1.hkej.com/features/article?q=%232019%E9%A0%90%E7%AE%97%E6%A1%88%E5%8D%B3%E6%99%82%23&suid=2926714239，瀏覽於 2020 年 11 月 20 日。

29　建造業議會：《建造業議會二零一九年年報》，頁 33。

30　建造業議會：《建造業議會 2020 年重點工作計劃》，頁 15。

31　口述歷史訪問，黃君華博士工程師，2020 年 5 月 15 日。

32　建造業議會：《建造業議會 2020 年重點工作計劃》，頁 20。

33　口述歷史訪問，黃君華博士工程師，2020 年 5 月 15 日。

34　「全日制課程」，香港建造學院網站：http://www.hkic.edu.hk/chi/programmes/diploma_in_construction_programme；「安全訓練課程」，香港建造學院網站：http://www.hkic.edu.hk/chi/programmes/skill_enhancement_courses_safety_training，瀏覽於 2020 年 11 月 20 日。

35　「院長歡迎辭」，香港建造學院網站：https://www.hkic.edu.hk/chi/welcomespeech；香港建造學院網站：http://www.hkic.edu.hk/chi/programmes/diploma_in_construction_programme，http://www.hkic.edu.hk/chi/programmes/skill_enhancement_courses_safety_training，瀏覽於 2020 年 11 月 20 日。

36　口述歷史訪問，朱延年工程師，2019 年 7 月 11 日。

37　同上。

38　「院長歡迎辭」，香港建造學院：https://www.hkic.edu.hk/chi/welcomespeech，瀏覽於 2020 年 11 月 20 日。

39　口述歷史訪問，黃君華博士工程師，2020 年 5 月 15 日。

40　香港建造學院：《香港建造學院全日制（一年及兩年）課程發展藍圖》（香港：香港建造學院，2019），頁 4。

41　口述歷史訪問，鄭定寧工程師，2020 年 3 月 23 日。

建 造 培 訓 今 昔

徽號

由建造業訓練局發展至今日的建造業議會和香港建造學院，在徽號上都經歷了不同的轉變。現時的建造業議會徽號於 2010 年正式啟用，代表議會具活力及持續發展的形象。香港建造學院的院徽設計則蘊含了中國古代「天圓地方」的宇宙觀及中國傳統木結構「榫接」工藝。

↗ 建造業訓練局成立初期的局徽

↗ 現時的建造業議會會徽

↗ 1990 年代開始使用的建造業訓練局局徽

↗ 現時的香港建造學院院徽

—— 02

校舍

建造業訓練局首個訓練中心為 1977 年揭幕的九龍灣建造業訓練中心，提供基本工藝課程。發展至今，香港建造學院擁有三間院校及多個戶外訓練場，其中三間院校的優化工程預計於 2020 至 2021 學年內峻工，為學生提供全面提升的學院設施。

↗ 1970 年代興建中的九龍灣建造業訓練中心

↘ 大埔訓練場的「組裝合成」建築法
（MiC）教學設施

↗ 現時的九龍灣院校

↗ 學習資源中心

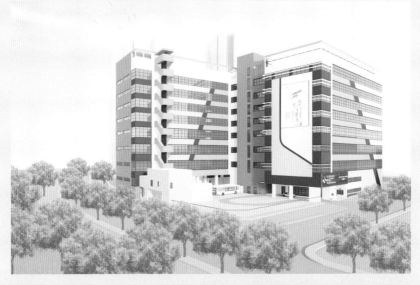

↗ 將於 2020 至 2021 年度完成優化工程的香港建造學院上水院校模擬照片

03

學生制服

建造業訓練局成立初期的學生制服，設計簡單；近年，香港建造學院和業界廣泛應用新一代高透氣度物料製作而成的「抗熱服」，有助抵禦高溫和潮濕的環境。

↗　早年的建造業訓練局學生制服（司徒拔先生提供）

↗　現時香港建造學院的學生制服——建造業抗熱服

04

畢業生

建造業訓練局首屆畢業生只有 522 人；
2019 年的全日制及部分時間制課程（包括安全
訓練）畢業人數多達 73,910 人。[1]

↗　首屆建造業訓練局學生畢業典禮

↗　香港建造學院畢業典禮

1　建造業議會網站：http://www.cic.hk/chi/main/research_
data_analytics_/training_output/，瀏覽於 2020 年 11 月
20 日。

05

器具：
量度

　　早年的建造業工匠在工料或施工的地方，需利用墨斗來定位和刻劃墨線；時至今日，激光平水儀已能夠有效率地定下水平線。

↗ 墨斗

↗   激光平水儀

06

器具：
木工

舊式打磨器具蜈蚣鉋，用於打磨較堅硬的木材，如製作酸枝（紅木）傢俬。鉋身垂直嵌入多塊刀片，由於貌似蜈蚣，因而得名。電動砂磨機又名砂紙機，透過高速轉動砂紙，快速打磨木料或金屬表面，能把粗糙的木材或金屬變得光滑平整，已普遍取代蜈蚣鉋，成為木工師傅必備的工具之一。

↘ 蜈蚣鉋

↗ 電動砂磨機

07

器具：
電力裝置

　　香港過往固定電力裝置的電線和線芯一直沿用舊英式標準，隨着國際電工技術委員會（IEC）制定的新電線顏色標準獲廣泛應用，香港於 2007 年起轉用新訂的顏色代碼，一方面能方便色盲及色弱人士，另一方面亦顧及安全因素，避免因電線安裝混亂而導致電力意外。

↘　電線（舊顏色代碼）

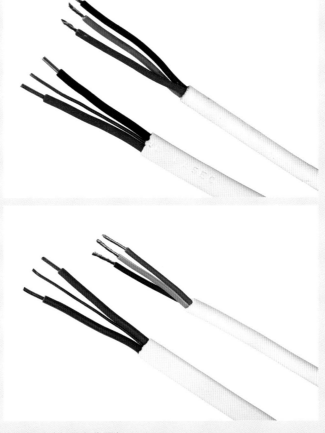

↗　電線（新顏色代碼）

08

教學模式：
安全訓練

以往的安全訓練課程，多以課堂形式授課。2019 年開幕的安全體驗訓練中心以「虛擬實境」（VR）為多個工種提供模擬工地實境的意外體驗及訓練，提高學生和業界人士對各工序的警覺性，加強他們的安全意識。

↗ 課堂授課形式的安全訓練

↗ 模擬實景體驗形式安全訓練

09

教學模式：
機械操作

學院於大埔訓練場購置六台輪胎式及履帶式吊機模擬器，通過多屏幕及吊機作業系統的真實操作椅，為學生提供真實情景模擬訓練。

↗ 1990 年代的真實機械操作訓練

↗ 香港建造學院大埔訓練場現時設置的吊機模擬器訓練

10

教學模式：
燒焊

學院致力於訓練課程中加入創新的建造技術和新科技元素，其中在燒焊課程中引入模擬器作訓練，學生可先在實驗室透過 VR 模擬燒焊，完成學習基本技術後，才到工場使用真實的燒焊機，增強學生的信心及安全操作。

↗ 真實燒焊訓練

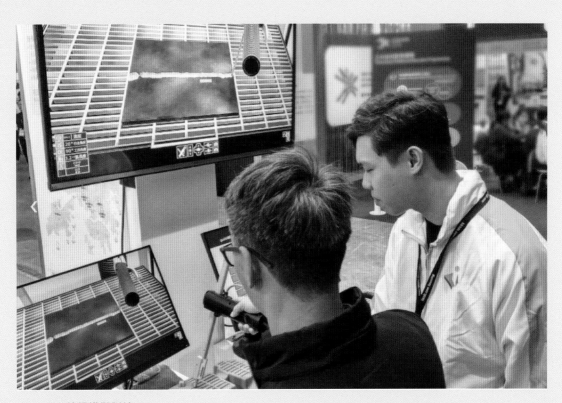

↗ 燒焊模擬訓練

11

教學模式：
工程規劃

現代工程的規劃愈來愈細緻，由以往主要利用平面圖則，到今日廣泛採用的 3D 立體設計，所應用的建築信息模擬（BIM）技術未來在工程界將愈趨普及，可利用電腦軟件管理工程的規劃、設計、投標、建造、營運、設施管理以至室內設計等項目。

↗ AutoCAD 電腦繪圖

↗ 建築信息模擬（BIM）

香港建造培訓45周年大事年表

1975

建造業訓練局（CITA）根據《工業訓練（建造業）條例》成立，為香港建造培訓伊始

1977

九龍灣建造業訓練中心揭幕，提供基本工藝課程

↗　1977 年落成初期的九龍灣建造業訓練中心

1978

第一屆建造業訓練局學員畢業

1979

開辦短期課程，以配合行業的需求

1980

開辦技術員學徒訓練課程

↗ 建訓局開辦各類別訓練課程，
配合行業需求

1982

葵涌訓練中心落成，由時任港督尤德爵士主持揭幕儀式

1989

香港仔訓練中心落成

1991

正式推行工藝測試服務，為行業制定技術標準

1995

上水訓練中心開始運作

1996

開辦獲勞工處認可的「建造工友安全訓練課程」與「建造工友高級安全訓練課程」，
即綠咭及銀咭課程

1997

首次參加世界技能大賽

↗　1997 年首次參加世界技能大賽

1998

推出中級工藝測試

1999

推出「僱主資助計劃」，推動建造業長工制

2001

政府發表《建業圖新——建造業檢討委員會報告書》，建議成立法定機構統籌建造
業的策略性發展

2005

《建造業工人註冊條例》實施,建訓局獲政府委任為「註冊主任」,協助推行有關條例,透過專業認證,賦予建造工人專業的身份

2007

建造業議會根據《建造業議會條例》成立

2008

建造業訓練局於 2008 年 1 月 1 日歸併於建造業議會,並以「建造業議會訓練學院」的名稱,繼續提供培訓及工藝測試等服務

2009

首次與承建商合作,推出各項「先聘請,後培訓」計劃,至 2017 年整合為「建造技工合作培訓計劃」

2010

推出「強化建造業人力訓練計劃」

2011

與發展局聯合推出「BUILD 升」培訓計劃,提升建造業形象,吸引年輕人入行

↗ 2011 年聯同發展局推出「BUILD 升」培訓計劃

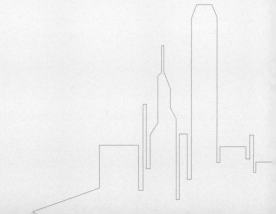

2013

設置多個新的戶外訓練場，並引進機械操作模擬技術訓練

2014

首推建築信息模擬（BIM）課程

2016

於九龍灣訓練中心設立「建築信息模擬創新及發展中心」

2016

加強全人教育，鼓勵學生參與新成立之建造業運動及義工計劃

↗ 2016 年成立建造業運動及義工計劃，
　推動全人教育

2018

· 香港建造學院正式成立，配合「建造業 2.0」，以創新、專業化和年青化為目標，
　為建築人開拓完善進修階梯
· 學院課程首次獲資歷架構認證

↗ 香港建造學院於 2018 年正式成立

2019

· 於香港建造學院葵涌院校成立「安全體驗訓練中心」
· 首推「組裝合成」建築法（MiC）課程
· 推行「認可技術專才培訓計劃」，提供有系統的學徒訓練

2020

· 香港建造培訓 45 周年
· 建造專業進修院校（SPDC）成立，為業界提供專業及持續進修課程

↗　2020 年香港建造培訓 45 周年

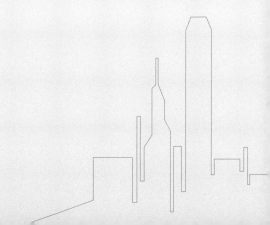

參 考 資 料

歷史檔案

HKRS411-2-34. "Provisional Construction Industry Training Authority Minutes of Meetings", 29.7.1974 - 30.4.1975. Hong Kong Public Records Office.

HKRS457-3-122. "Construction Industry Training Authority - Minutes of Meetings & Reports", 10.9.1975 - 25.10.1976. Hong Kong Public Records Office.

HKRS457-3-123. "Construction Industry Training Authority - Minutes of Meetings & Reports", 3.11.1976 - 13.8.1977. Hong Kong Public Records Office.

HKRS457-3-125. "Construction Industry Training Authority — Subcommittees With SSB Representation: - Committee on Finance Committee on Staff Establishment Committee on Ordinance Interpretation", 10.9.1975 - 19.8.1978. Hong Kong Public Records Office.

HKRS1418-1-38. "Buildings & Civil Engineering Industry Training Board Working Party on Trade Tests", 25.6.1980 - 7.1.1981. Hong Kong Public Records Office.

HKRS2162-1-3. "Construction Industry Training Authority - Minutes of Meeting", 28.11.1990 - 23.7.1991. Hong Kong Public Records Office.

HKRS2165-1-54. "Construction Industry Training Authority — Annual Report and Estimates", 25.11.1986 - 24.11.1988. Hong Kong Public Records Office.

HKRS2165-1-113. "Construction Industry Training Authority, Appointment of members", 2.6.1975 - 28.7.1987. Hong Kong Public Records Office.

官方刊物

《2007-2008 施政報告》（香港：香港政府，2007）。

《2016 年撥款條例草案恢復二讀辯論的致辭全文》（香港：香港政府，2016）。

立法會：《立法會六題：建造業長工制》（香港：立法會秘書處，2000）。

立法會：《就鄭家富議員在立法會提出有關「建造業長工制」議案致辭全文》（香港：立法會秘書處，2000）。

立法會：《關於 2005 年 10 月 25 日及 11 月 10 日會議討論事項的跟進行動一覽表》（香港：《建造業議會［第 2 號］條例草案》委員會，2005）。

立法會：《香港職業教育發展的回顧》（香港：立法會秘書處資料研究組，2015），https://www.legco.gov.hk/research-publications/chinese/1415in15-review-of-development-of-vocational-education-in-hong-kong-20150813-c.pdf

立法會：《立法會財務委員會轄下的工務小組委員會第八次會議紀要》（香港：立法會秘書處，2015）。

立法會：《立法會財務委員會轄下的工務小組委員會第九次會議紀要》（香港：立法會秘書處，2016）。

立法會：〈香港的建造業 —— 數據透視〉（香港：立法會秘書處資料研究組，2018），https://www.legco.gov.hk/research-publications/chinese/1819issh07-construction-industry-in-hong-kong-20181121-c.pdf

〈加強建造業工人培訓的建議〉（香港：立法會發展事務委員會，2019），https://www.legco.gov.hk/yr18-19/chinese/panels/dev/papers/dev20190528cb1-1086-3-c.pdf

《行政長官 2017 年施政報告》（香港：香港政府，2017）。

社會事務司：《香港未來十年內之中等教育教育白皮書》（香港：香港政府印務局，1974）。

建造業訓練局：《建造業訓練局十週年紀念》（香港：建造業訓練局，1987）。

建造業訓練局：《建造業訓練局年報》（香港：建造業訓練局，1977 至 2007 年）。

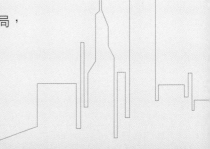

建造業訓練局：《繼往開來二十年：建造業訓練局二十週年紀念特刊》（香港：建造業訓練局，1996）。

〈建造業創新及科技基金〉（香港：立法會發展事務委員會，2019），https://www.legco.gov.hk/yr18-19/chinese/panels/dev/papers/dev20190528cb1-1086-3-c.pdf

建造業檢討委員會：《建業圖新——建造業檢討委員會報告書》（香港：建造業檢討委員會，2001）。

建造業議會：《建造業訓練委員會及人力培訓及發展委員會》（香港：建造業議會，2012年）。

建造業議會：《建造業議會2020年重點工作計劃》（香港：建造業議會，2000）。

建造業議會：《建造業議會年報》（香港：建造業議會，2007至2019年）。

建造業議會：《建造業議會通訊》（香港：建造業議會，2011）。

建造業議會：《建造業議會建造業訓練委員會第三次會議紀錄》（香港：建造業議會，2016）。

政府統計處：《一九九六年中期人口統計——主要報告》（香港：香港政府印務局，1996）。

政府統計處：《本地生產總值（年刊）（2009年版）》（香港：政府統計處，2010）。

政府統計處：《本地生產總值（年刊）（2019年版）》（香港：政府統計處，2020）。

政府統計處：《本地生產總值（季刊）（2018年第4季）》（香港：政府統計處，2019）。

政府統計處：《建造工程完成量按季統計調查報告（2002年第3季）》（香港：政府統計處，2002）。

政府統計處：《建造工程完成量按季統計調查報告（2003年第3季）》（香港：政府統計處，2003）。

政府統計處：《建造工程完成量按季統計調查報告》（香港：建造及雜項服務統計組，2007年第1季至2017年第4季）（香港：政府統計處，2007至2018年）。

政府統計處：《建築地盤就業及空缺按季統計報告》（香港：政府統計處，2009至2014年）。

政府統計處：《綜合住戶統計調查按季統計報告（2018年第4季）》（香港：政

府統計處，2019）。

政府統計處：《綜合住戶統計調查按季統計報告（2020 年第 2 季）》（香港：政
　　府統計處，2020）。

政府新聞處：《香港年報 2007》（香港：政府新聞處，2007）。

政府新聞處：《香港年報 2008》（香港：政府新聞處，2008）。

香港建造學院：《香港建造學院全日制（一年及兩年）課程發展藍圖》（香港：香
　　港建造學院，2019）。

教育局：《香港課程發展議會──香港學校課程的整體檢視報告》（香港：教育
　　局，1999），https://www.edb.gov.hk/tc/curriculum-development/cs-
　　curriculum-doc-report/holistic-review/index.html#7

發展局：《建造業 2.0 ── 變革的時刻》（香港：香港政府印務局，2018）。

發展局：《項目成本管理辦事處──2016 年 3 月 15 日會議跟進工作》（香港：
　　立法會事務委員會）。

華僑日報：《1972 年香港年鑑》（香港：華僑日報，1973）。

華僑日報：《1975 年香港年鑑》（香港：華僑日報，1976）。

經濟多元化諮詢委員會，民政署譯中文版：〈教育與訓練〉，《一九七九年經濟多
　　元化諮詢委員會報告書》（香港：香港政府印務局，1979）。

環境運輸及工務局：《建造業行業分類小冊子》（香港：香港印務局，2003）。

Commissioner for Labour, *Annual Departmental Report 1982* (Hong Kong:
　　Govt. Press, 1983).

書籍

何佩然：《城傳立新：香港城市規劃發展史（1841－2015）》（香港：中華書局，
　　2016）。

何佩然：《班門子弟：香港三行工人與工會》（香港：三聯書店，2018）。

何佩然：《築景思城：香港建造業發展史（1840－2010）》（香港：
　　商務印書館，2011）。

林徽因執筆、梁思成著：《清式營造則例》（北京：清華大學
　　出版社，2006）。

科大衛、陸鴻基、吳倫霓霞合編：《香港碑銘彙編》第 2 冊
　　（香港：香港市政局，1986 年）。

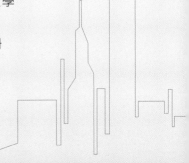

《香港廣悅堂慶祝魯班先師寶誕徵信錄》（香港：魯班廣悅堂，2019）。

梁操雅、羅天佑：《香港考評文化的承與變──從強調篩選到反映能力》（香港：商務印書館，2017）。

馮邦彥：《香港地產業百年》（香港：三聯書店，2001）。

魯班廟廣悅堂建築業工商行編：《堂友名冊簿》（香港：魯班廣悅堂，1960）。

劉美群主編：《廣悅堂基悅小學文集》（香港：廣悅堂基悅小學，2006）。

劉智鵬：《鐵漢柔情：香港建築扎鐵業發展史》（香港：中華書局，2018）。

劉智鵬、劉蜀永編著：《香港史：從遠古到九七》（香港：香港城市大學出版社，2019）。

黎澤鑾（Horace R. Knight）：〈工業教育及訓練 ── 香港的經驗〉，載於澳門行政公職局：《行政》（澳門：澳門行政公職局行政雜誌編輯部，1989）。

LAU So-yee, *An Analysis of Bureaucratic Power and Agency Autonomy: A Case Study of the Construction Industry Training Authority*, Dissertation of the University of Hong Kong, 2002.

報章及新聞發布

《大公報》：1977 年 7 月 10 日，1982 年 7 月 29 日。

《工商晚報》：1960 年 7 月 6 日，1960 年 7 月 6 日。

《文匯報》：2018 年 4 月 20 日。

《明報》：2019 年 10 月 18 日，2019 年 1 月 9 日。

《香港工商日報》：1973 年 7 月 19 日，1979 年 5 月 12 日。

《信報》：2017 年 10 月 22 日，2019 年 2 月 27 日。

《華僑日報》：1957 年 7 月 11 日，1969 年 9 月 30 日，1977 年 6 月 24 日，1981 年 12 月 29 日，1987 年 3 月 17 日。

《頭條日報》：2019 年 9 月 30 日。

Hong Kong Daily Press: 20 June 1924.

口述歷史

司徒拔先生，2019 年 7 月 31 日。

司徒杰先生，2019 年 8 月 22 日及 2019 年 10 月 3 日。

伍新華先生，2019 年 7 月 30 日。

朱延年工程師，2019 年 7 月 11 日。

何世柱先生，2019 年 8 月 28 日。

何安誠工程師，2019 年 10 月 21 日。

何鍾泰工程師，2019 年 10 月 16 日。

余世欽工程師，2019 年 9 月 18 日。

吳茂昌先生，2019 年 12 月 3 日。

李承仕工程師，2019 年 8 月 30 日。

李焯芬教授，2019 年 8 月 22 日。

李德康先生，2019 年 11 月 21 日。

孟家榮先生，2019 年 11 月 27 日。

林國良先生，2019 年 9 月 10 日。

高振漢先生，2019 年 7 月 23 日。

梁兆明先生，2020 年 3 月 5 日。

梁偉雄工程師，2019 年 7 月 23 日。

梁劉素儀女士，2019 年 8 月 16 日

莊堅烈工程師，2019 年 10 月 2 日。

莫炳林先生，2019 年 7 月 23 日。

莫國和工程師，2019 年 10 月 3 日。

莫想深先生，2019 年 9 月 5 日。

郭志仁先生，2019 年 11 月 29 日。

陳茂波先生，2020 年 1 月 3 日。

陳修杰工程師，2019 年 8 月 2 日。

陳家駒先生，2019 年 5 月 28 日及 2020 年 4 月 21 日。

陳落齊先生，2019 年 9 月 5 日。

陳劍光先生，2019 年 8 月 1 日。

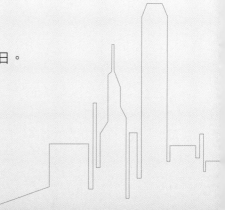

陸志榮先生，2020 年 3 月 5 日。

勞鑑先生，2020 年 1 月 15 日。

彭一邦博士工程師，2019 年 8 月 26 日

曾燈發先生，2019 年 9 月 5 日

馮堅礎先生，2019 年 8 月 15 日。

黃永灝工程師，2019 年 9 月 11 日。

黃君華博士工程師，2020 年 5 月 15 日。

黃美詩女士，2019 年 11 月 29 日。

黃偉綸先生，2019 年 11 月 8 日。

黃敦義先生，2020 年 1 月 10 日。

黃鏡波先生，2019 年 8 月 15 日。

詹伯樂工程師（Ir James Blake），2019 年 8 月 29 日。

劉永輝先生，2019 年 7 月 23 日。

劉智強先生，2019 年 9 月 20 日。

潘杜泉先生，2019 年 8 月 15 日。

蔡鎮華先生，2019 年 8 月 15 日。

鄭定寧工程師，2020 年 3 月 23 日。

蕭樹強先生，2019 年 9 月 5 日。

謝振源先生，2019 年 8 月 16 日。

羅炳堯先生，2019 年 10 月 10 日。

譚子球先生，2020 年 3 月 5 日。

譚景良工程師，2019 年 8 月 2 日。

網上資源

2004 年建造業徵款（雜項修訂）條例，〈建造業徵款修訂摘要〉：http://www.
    fsica.org.hk/download/guide_lines/ConstructionIndustryLevy.pdf

古物古蹟辦事處，〈魯班先師廟歷史〉：https://hktais.amo.gov.hk/hktais/
    VBldGeneralInfo1Action.do?method=view&page=History&complexCode=s
    ai1m1&localename=HK

建造一站通，〈廣悦堂簡介〉：https://www.builderhood.com/industry-news-tags/%E5%BB%A3%E6%82%85%E5%A0%82

建造業運動及義工計劃：https://www.cisvp.hk/about

建造業議會：http://www.cic.hk

政府新聞網：https://www.news.gov.hk

香港青年技能比賽網頁：https://www.worldskillshongkong.org/en/home

香港建造學院：http://www.hkic.edu.hk

教育局：https://www.edb.gov.hk/

電子版香港法例：https://www.elegislation.gov.hk/

團結香港基金，「應用教育倡議系列（六）：強化中學生涯教育」：https://www.ourhkfoundation.org.hk/zh-hant/report/1264/ 教育及青年 / 應用教育倡議系列 %EF%BC%88 六 %EF%BC%89%EF%BC%9A 強化中學生涯教育

廣州市教育局，〈穗港職業教育合作專案簽約儀式在穗舉行〉：http://jyj.gz.gov.cn/yw/jyyw/content/post_5616564.html

澳門特別行政區政府旅遊局，〈上架行會館〉：https://www.macaotourism.gov.mo/zh-hant/suggested-tours/footsteps-into-the-historic-centre/carpentry-guildhall

Vocational Training Council, "The Occupational Skill Testing and Certification Systems in Hong Kong"：https://repository.vtc.edu.hk/cgi/viewcontent.cgi?article=1123&context=ive-adm-others-iveta

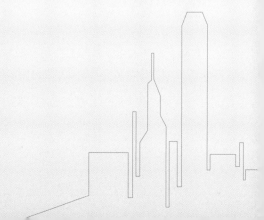

鳴　謝

個人

司徒拔先生	莫想深先生	蔡鎮華先生
司徒杰先生	郭志仁先生	鄭定寧工程師
伍新華先生	陳茂波先生	蕭樹強先生
朱延年工程師	陳修杰工程師	謝振源先生
何世柱先生	陳家駒先生	羅炳堯先生
何安誠工程師	陳落齊先生	譚子球先生
何鍾泰工程師	陳劍光先生	譚景良工程師
余世欽工程師	陸志榮先生	
吳茂昌先生	勞鑑先生	
李承仕工程師	彭一邦博士工程師	## 機構
李焯芬教授	曾燈發先生	
李德康先生	馮堅礎先生	香港政府新聞處
孟家榮先生	黃永灝工程師	香港機場管理局
林國良先生	黃君華博士工程師	香港歷史檔案館
高振漢先生	黃美詩女士	
高添強先生	黃偉綸先生	（排名依筆劃序）
梁兆明先生	黃敦義先生	
梁偉雄工程師	黃鏡波先生	
梁劉素儀女士	詹伯樂工程師 (Ir James Blake)	
莊堅烈工程師	劉永輝先生	
莫炳林先生	劉智強先生	
莫國和工程師	潘杜泉先生	

印務　設計排版　責任編輯

劉林　葉健凡　鍾翾

出版

中華書局（香港）有限公司

香港北角英皇道四九九號北角工業大廈一樓 B

電話：（852）2137 2338

傳真：（852）2713 8202

電子郵件：info@chunghwabook.com.hk

網址：http://www.chunghwabook.com.hk

發行

香港聯合書刊物流有限公司

香港新界荃灣德士古道 220-248 號

荃灣工業中心 16 樓

電話：（852）2150 2100

傳真：（852）2407 3062

電子郵件：info@suplogistics.com.hk

印刷

美雅印刷製本有限公司

香港觀塘榮業街六號海濱工業大廈四樓 A 室

版次

2020 年 12 月初版

規格

16 開（250mm×180mm）

ISBN

978-988-8676-79-8

建造香港 方圓平直

香港建造培訓四十五周年發展歷程

劉智鵬 著

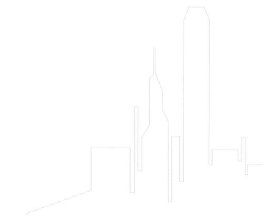